GW01607752

Círculo Rojo

Ad Kalendas Graecas

Ad Kalendas Graecas

G. Maria Bencich-Grigore

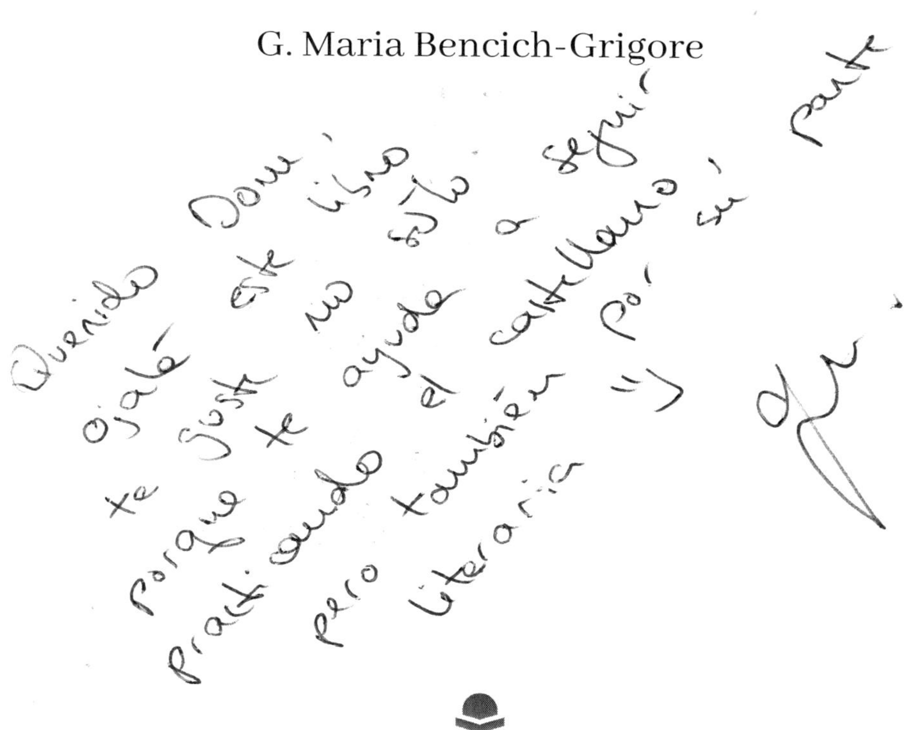

Círculo Rojo
EDITORIAL

A Gianni, por recordarme quién soy.

Primera edición: febrero 2024

Depósito legal: AL 2748-2023

ISBN: 978-84-1199-461-3
Impresión y encuadernación: Editorial Círculo Rojo

Editorial Círculo Rojo
www.editorialcirculorojo.com
info@editorialcirculorojo.com
Impreso en España - Printed in Spain

La verdad en un tiempo es error en otro.
Montesquieu

Truth at one time, error at another.
Montesquieu

ÍNDICE

ÍNDEX

PRÓLOGO

Escribo esto en una madrugada cualquiera de agosto, siguiendo viejas tradiciones; han pasado, sin embargo, un par de años desde la última vez que me olvidé de escribir.

Los cambios llegaron con la nueva vida, y no perdonaron en absoluto ingenuidades del pasado. Frente a la hoja en blanco, me encuentro ahora como impostora. Ya no sé cómo describirme, si los antiguos adjetivos todavía sirven.

Así pues, bienvenidos. No prometo constancia, coherencia ni cohesión. No sé a qué he vuelto ni si he vuelto.

El idioma de mi día a día no es este en el que escribo. Es agosto y hace frío. En mi día a día se habla de desarrollo internacional, ONG, clientes; derecho, la ONU, estudios críticos; Foucault, neoliberalismo, existencialismo. En mi día a día hay mucha normalidad y un bienestar que no existía la última vez que dije que sería la última vez. También, latente, medio domesticado, medio atontado, se encuentra el caos. De vez en cuando, ruge con fuerza. No sé a qué vengo aquí de nuevo. Ni siquiera sé si podré quedarme.

Si te quedas conmigo, te invito.

(Oxford, agosto 2017)

PROLOGUE

I write this on any given August dawn, following old traditions; however, a couple of years have passed since the last time I forgot to write.

Changes came with the new life, and they did not forgive any naiveties from the past. Facing the blank page, I now find myself as an impostor. I no longer know how to describe myself – if old adjectives apply.

So, welcome. I do not promise constancy, coherence, or cohesion. I do not know why I have come back or if I have come back at all.

The language of my everyday life is not the one in which I am writing. It is August, and it is cold. In my everyday life there is talk about international development, NGOs, clients; law, critical studies; Foucault, neoliberalism, existentialism. In my everyday life, there is much normalcy and a wellbeing that did not exist the last time I said it would be the last time. Also, lurking, half-tamed, half-dazed, is the chaos. From time to time, it roars with force. I do not know why I am back here again. I do not even know if I can stay.

If you stay with me, you are invited. You are welcome to stay with me.

Oxford, August 2017

SEGUNDO PRÓLOGO

En el texto escrito, mi ser es libre. Es un ser distinto del de mi día a día, ese que conocen fragmentariamente familia, amigos, conocidos y desconocidos. Es este un ser que vive por y en las letras. Cuando quieren, es tan fácil jugar con las palabras… Unas llevan a otras y otras a las siguientes. Sin notar el inquebrantable paso del tiempo, el texto se va formando, sin más realidad que importe, pero engendrando futuros nuevos. El texto escrito se torna, así, en destino.

Hace rato que mi ser no se plasma en la escritura. La vida fuera de las letras ha acaparado a su escritora hasta despojarla de un título que nunca se atrevió a darse. Mas hoy vengo a clamar mi título. Escribo y siento, siento y escribo.

A continuación, leeréis fragmentos de lo que he sentido y escrito a lo largo de una década. Gracias a estos escritos, el desasosiego, la aflicción, el desamor y el deseo obcecado y demente dieron paz a su autora. Las letras salvan. Tal vez estas letras puedan salvar a otros. Y si tal deseo peca de codicioso, deseo, mínimo, que sientas un poco de mi locura de aquellos tiempos.

(Washington D. C., febrero de 2023)

SECOND PROLOGUE

In the written text, my being is free. It is a different being from my day-to-day self, known in fragments by family, friends, acquaintances, and strangers. This is a being that lives for and in words. When they want to, it is so easy to play with them. Some lead to others, and the others to the following ones. Without noticing the unbreakable passage of time, the text is formed, with no other reality that matters but giving birth to new futures. The written text, thus, becomes destiny.

It has been a while since my being was expressed in writing. The life outside of words has taken over its writer until stripping her of a title she never dared to give herself. But today, I come to claim my title. I write and feel, I feel and write.

Below, you will read fragments of what I have felt and written over a decade. It is thanks to these writings that the unrest, the affliction, the indifference, and the obsessive and insane desire gave peace to their author. Words save. Perhaps these words can save others. And if such a desire is greedy, I wish, at the very least, that you feel a little of my madness from those times.

Washington D.C., February 2023

2009-2011. PRETÉRITO (IM)PERFECTO

> Todos tenemos una historia que contar.
> No en vano, dicen que esta es maestra de
> la vida y testigo de los tiempos.
> He aquí mi historia, rota, incompleta, absurda
> y a la vez coherente.
> Me confieso y me despido del pasado,
> reconciliándome en un último abrazo.

Si dejásemos a los deseos volar, si nos atreviésemos con nuestros propios pensamientos, con nuestros sentimientos más ocultos… Pero no podemos, claro. Ciertos deseos han de ser enterrados antes de nacer; no se puede ir por la vida pretendiendo satisfacer todo lo que anhelamos. ¿Es real el deseo? Si es lo que nunca llega a ser, porque justo al concretarlo en nuestra realidad, desaparece, ¿qué es el deseo? Ese impulso que mejor que cualquier otra cosa nos mueve, ¿cómo definirlo con exactitud? ¿Y qué pretende de nosotros?

Es extraño que la meta que persiga sea la de fenecer, cuando todo lo que nos rodea busca la inmortalidad. Nada hay como el deseo que anhela lo imposible. Nada más sublime. Nada que dé tanto como exige. Pues el deseo de lo imposible lo quiere todo, todo y más. Y tal vez sea ese el deseo que nunca muere, el único real y honesto, el único que encaja con lo que todos buscan,

2009-2011 PAST (IM)PERFECT

We all have a story to tell.
It is said, not by chance, that history is the teacher of life and the witness of time.
Here is my story, broken, incomplete, absurd,
yet coherent.
I confess and bid farewell to the past,
reconciling in one last embrace.

Suppose we let our desires fly, suppose we dared with our thoughts, with our most hidden feelings. But we cannot, of course. Certain desires must be buried before they are born; we cannot go through life aiming to satisfy everything we crave. Is desire real? If it never comes to be, as it disappears as soon as we make it real, what is desire? It is the impulse that moves us better than anything else, how to define it accurately? What does it want from us?

Strangely, its goal is to perish, when everything around us seeks immortality. There is nothing like the desire for the impossible. Nothing more sublime. Nothing that gives as much as it demands. Because the desire for the impossible wants everything, everything and more. And that desire that never dies may be the only real and honest one, the only one that fits with what everyone is looking for, even if it is the most despi-

aunque sea el más despreciado. El deseo de lo imposible no busca razones, a las que considera repugnantes e inmorales por querer poner límites al corazón. Traspasa cualquier barrera, cuya existencia ni siquiera conoce. El deseo de lo imposible saca lo mejor o lo peor de cada uno de nosotros, el sentido que se tome es simplemente cuestión de carácter.

Dirán que es más fácil caer al precipicio que buscar enaltecerse; sin embargo, lo que encuentro en todo lo liviano es mediocridad. Tanto la bondad como la maldad requieren su esfuerzo, su sacrificio, su talento y su elegancia. El deseo de lo imposible nos hace excelsos, pero también puede destrozarnos. Hay que saber en busca de qué imposible ir; porque no hay dos imposibles iguales, como tampoco hay dos personas iguales. Pero el deseo de lo imposible solo encuentra cabida cuando la vida abre sus paréntesis: en esos momentos donde todo es posible; en esos momentos en los que la razón se deprime e intenta suicidarse.

Porque…, ¿para qué engañarnos? En esta vida, los sueños, sueños son.

(«Deseo de lo imposible», diciembre de 2010)

sed of all. The desire for the impossible does not seek reasons, which it considers repugnant and immoral, as they dare to put limits on the heart. It transcends any barrier, even those ones that it does not even know. The desire for the impossible brings out the best or worst in each of us; the direction taken is simply a matter of character.

People say it is easier to fall off a cliff than to seek exaltation; however, in whatever may be light, I only find mediocrity. Both goodness and evil require effort, sacrifice, talent and elegance. The desire for the impossible makes us excel, but it can also destroy us. We must know what impossible to seek; because no two impossibles are the same, just as there are no two equal people. But the desire for the impossible only finds its place when life opens its parentheses – it's in those moments when everything is possible; when reason falls into depression and tries to commit suicide.

Because, let's face it: in this life, dreams themselves are only dreams.

'Desire for the Impossible', December 2010

No somos quienes fuimos ni seremos quienes pretendemos ser. Pero a veces nos perdemos en el pasado o en el futuro, y así nos engañamos puerilmente pensando que fuimos o seremos los mismos que ahora están extraviados en tiempos inexistentes.

(«Sinsentidos», octubre de 2009)

No es el tiempo el que lo destruye todo, sino nuestra actitud pasiva ante él.

(«Past Tense», diciembre de 2011)

We are not who we were, nor will we be who we pretend to be. But sometimes, we get lost in the past or the future, and, thus, we foolishly deceive ourselves by thinking that we were or will be the same as those who are now lost in non-existent times.

'Nonsense', October 2009

It is not time that destroys everything, but our passive attitude towards it.

'Past Tense', December 2011

Desearía encontrar algún día a alguien capaz de hacer las mismas locuras que yo. Alguien que entendiese como yo que la sensatez de este mundo no es tal, sino todo lo contrario. Que la moral que nos venden no busca la justicia ni lo bueno, no busca ni de lejos la felicidad. Una moral que se sustenta en lo material no busca sino el cúmulo de cosas y, de ahí, intentar justificar que estas puedan ser la base de lo que se es, de lo que se vale.

Por otro lado, entiendo que la concepción del mundo no lleve así dos días, sino demasiado tiempo como para pretender que alguien vaya a hacer más que comprender mis palabras y callar. Y después, a seguir como si nada, pues nada hay que se pueda hacer. Entiendo que no puedo pedir a nadie que se rebele contra la racionalidad de este mundo y luche, de verdad, por lo que le importa. Más cuando ese «algo» es «alguien».

No puedo pedir a nadie que lo dé todo por lo que le mueve a vivir, porque destrozaría su vida en este mundo, ya de por sí muerta. Porque nadie está dispuesto a vivir sin pensar en las consecuencias o a pesar de ellas.

Busco a alguien que sea capaz de vivir tan solo un mísero momento en su vida sin pensar en el futuro o en el pasado, porque en ese momento está viviendo su vida al máximo de sus posibilidades. No importa nada lo que suceda después, porque por un segundo ha sentido lo que es vivir. Dudo que, después de un instante de tal intensidad, algo más cuente.

Hablo de ese algo que llaman *locura* y a lo que yo misma he de referirme como tal para que se me entienda, aunque justamente esa locura sea lo único sensato que un ser humano podría hacer por su alma. Alma, digo, en un mundo que no entiende más allá del significado de «cristiano» de alma. Entiendo las circunstancias que nos rodean, y por eso sé que no puedo pedir a nadie que lo dé todo por amor. Miedo, absurdo miedo a dar demasiado o a aceptar demasiado, no vaya a ser que parezca que dependemos de la otra persona. Como si el amor fuera tan rastrero.

I wish someday I could find someone capable of doing the same crazy things as I do. Someone who understands, like me, that the reasonableness of this world is not so much reasonable but quite the opposite. The moral expected from us does not seek justice, good or happiness, but rather, material possessions. A moral based on tangible things tries to justify that these can be the basis of one's worth.

On the other hand, I understand that the conception of the world has been such for too long to expect anyone to do any more than acknowledge my words and remain silent. And then, carry on as if nothing had happened, as nothing can be done. I understand that I cannot ask anyone to rebel against the rationality of this world and fight for what truly matters, especially when that *something* is *someone*.

I cannot ask anyone to give everything for what moves them to live because it would destroy their already dead life in this world. Because no one is willing to live without thinking about consequences, or despite them.

I am looking for someone capable of living just one meagre moment in their life without thinking about the future or the past because, at that moment, they are living their life to the fullest of their possibilities. Nothing that will happen afterwards matters, because, for a second, they have felt what it is *to live*. I doubt that after a moment of such intensity, anything else matters.

I am speaking about what people generally call madness, and to which I must refer to as such, so that I can be understood, although that madness is precisely the only sensible thing a human being could do for their soul. Soul, I say, in a world that does not understand beyond the *Christian* meaning of soul. I understand the circumstances that surround us, and that is why I know I cannot ask anyone to give everything for love. The fear, absurd fear, of giving too much or accepting too much, lest it seems that we depend on the other person. As if love were so petty.

Sería tan fácil confiar en alguien para darle todo, sabiendo que jamás te lo pedirá. Sería tan fácil confiar en alguien para que te lo dé todo, sabiendo que jamás lo pedirás.

Entiendo esta sociedad, pero no la comparto. La acepto, pues no me queda de otra, no me queda otra. Me conformo mientras espero. Quizá espero un imposible, pero me basta esa fe ciega para dar algún sentido a un mundo que no lo tiene. Espero encontrar a alguien cuerdo algún día, en algún lugar. Tan solo para decirle: «Hola, encantada de conocerte. Me alegra tu existencia».

Temo que no exista y temo que me asesinen la ilusión antes de encontrarlo.

(«Vivir un instante», noviembre de 2011)

[Lo encontré. Once años después. Valió la pena no conformarse y seguir buscando. Seguid buscando.]

It would be so easy to trust someone to give them everything, knowing that they will never ask for it. It would be so easy to trust someone to give you everything, knowing that you will never ask for it.

I understand this society, but I do not share it. I accept it, since I have no choice, I have no other choice. I settle while I wait. Perhaps I am hoping for something impossible, but that blind faith is enough to give some meaning to a world without one.

I hope to find someone sane someday, somewhere. Just to say to them: "Hello, nice to meet you. I am glad you exist."

I am afraid that such a person may not exist, and I am afraid that my hope will be killed before I find them.

'Living a moment', November 2011

(I found them. Eleven years later. It was worth not settling and continuing to search. Keep searching.)

¡Sálvame! ¡Sálvame de este mar de incertidumbre, de este océano de ignorancia y desasosiego! Ven y dime lo que me amas, si tanto lo haces, ven y llévame lejos, muy lejos de este lugar, donde no lo pueda recordar. Ven y hazme presa, secuéstrame y diles que ya no me devolverás. Diles que este no es mi mundo, diles que están locos, díselo por mí, diles que no vale la pena vivir la vida que viven; que ya están muertos, ¡que asesinen, entonces, también su cuerpo! Ven aquí… y susúrrame al oído que todo está bien, que nada tenemos que ver con esa vida de ahí fuera, con ese mundo chiflado, alienado y estúpido, ignorante y ridículo. Pregúntales qué han hecho, oblígales a parar, aunque sea por un instante, a pensar; y que contesten, si es que pueden; si es que se atreven. Ven y dime que al menos hoy el amor nos sobrevivirá, que en medio del caos encontraremos nuestra orilla, que la injusticia y el sufrimiento gratuito desaparecerán en nuestro sueño…, dime que podremos soñar sin miedo a que sean pesadillas. Toma tú el timón y sálvame, llévame rumbo a la utopía, que más da que signifique «no lugar»; ahí es justo donde quisiera llegar. Bésame… y, en un beso, sálvame.

(«Utopía», enero de 2011)

Save me! Save me from this sea of uncertainty, from this ocean of ignorance and unease! Come and tell me how much you love me, if you so do. Come and take me far away from this place, somewhere where I cannot remember any of it anymore. Come and make me your prisoner, kidnap me and tell them you will not give me back. Tell them that this is not my world, tell them they are crazy, tell them for me, tell them that it is not worth living the life they live; that they are already dead, that they should kill their bodies too! Come here... and whisper in my ear that everything is fine, that we have nothing to do with that life out there, with that insane, alienated, stupid, ignorant and ridiculous world. Ask them what they have done, force them to stop, even if it is for a moment, to think; and let them answer, if they can, if they dare. Come and tell me that at least today love will survive us, that amid the chaos we will find our shore, that injustice and gratuitous suffering will disappear in our dream... that we can dream, without fear that of having nightmares... Take the helm and save me; take me to Utopia; it does not matter if it means No-place; that is precisely where I would like to go. Kiss me... and in a kiss, save me.

'Utopia', January 2011

Nos asfixia el verano en incendios mentales de noches elementales: noches blancas con el corazón oscuro. Como siempre desde el principio del mundo. O desde que proclamé bien bajo que así había de ser la amante del día. Despacito y en silencio, nos queman recuerdos que todavía están por llegar, sueños escondidos sin fecha en el calendario. Y esperamos lo que ya tendría que haber llegado, pues el deseo no conoce de lo que ha de llegar. Cuando el futuro llega, el deseo desaparece; ya consumado, ya aborrecido de aguardar. Paciencia es lo que le falta y lo que nos aboca al abismo del caos, pues todo carece de sentido en la noche que no sabe más que prometer. El sueño no llega si los sueños no tienen esperanza de verse arrojados a la realidad. Y en mitad de esta anarquía, lo único que intenta llevar un poco de claridad son unas letras que se juntan queriendo dar explicación de lo que está ocurriendo, del tiempo presente, de lo que ahora-mismo-está-sucediendo. Pero olvidan la desidia que le cuesta escribirlas a quien las escribe.

(«Noches elementales», junio de 2011)

We are suffocated by the summer in mental fires of elemental nights: white nights with a dark heart. As always, since the beginning of the world. Or since I proclaimed, in a low voice, that the lover of the day had to be like this. Memories still to come and hidden dreams without a date on the calendar burn us slowly and silently, consuming us. We wait for what should have already arrived, because desire does not know what will come. When the future arrives, desire disappears; already consummated, already weary of waiting. Patience is what it lacks and what leads us into the abyss of chaos, for everything lacks sense in the night that knows only how to promise. Sleep does not come if dreams have no hope of being thrown into reality. And amid this anarchy, the only thing that tries to bring a little clarity are some words that come together, willing to explain what is happening, the present tense, *whatishappeningrightnow*. But they forget the laziness that it takes the writer to write them.

'Elemental Nights', June 2011

Al principio no se tiene miedo a nada, no se tiene miedo a ser, a querer ser, a pedir ser, a ilusionarse queriendo ser. Mas poco a poco, tras cada negativa, tras cada barrera que no es puerta, sino muro bajo la forma de un «no», las ganas disminuyen. El miedo crece, la ilusión se marchita. La apatía gana su ansiado terreno. Cada obstáculo aleja más el querer ser.

Al final, tras no pocas y cruentas batallas, se llega tan lejos y se destroza hasta tal punto el espíritu que este ya no pide nada, no desea nada, no quiere ser nada. Todo lo que un día tuvo sentido es hoy un castillo de naipes esperando el último soplo. Esperando lo último que puede esperar ya: la destrucción; también la de sus ruinas.

Y en ese final tan solo queda una desteñida nostalgia, un cruel recuerdo de lo que se era, la melancolía de lo que se pudo haber sido y ya jamás se será ni se podrá ni se querrá ser. Y en medio de este amasijo, rencor salvaje a los cambios que se hicieron por imposición, cambios sin retorno, caminos borrados, el engaño del nuevo hogar que resultó ser una pocilga despreciable.

De lo que fuimos, de lo que pudimos haber sido, apenas queda el recuerdo.

(«Camino al no ser», noviembre de 2011)

At first, no one is afraid of anything: of being, of wanting to be, of asking to be, of dreaming of wanting to be. But little by little, after each refusal, after each barrier that is not a door, but a wall screaming “no,” the desire diminishes. Fear grows, and excitement withers away. Apathy wins its longed-for terrain. Each obstacle takes away the desire to be.

In the end, after no small number of cruel battles, you reach such a point and shatter your spirit to such a degree that it no longer asks for anything. It no longer desires anything, it no longer wants to be anything. Everything that once made sense is now a house of cards waiting for a final breath. Waiting for the last thing it can wait for: destruction, even of its ruins.

And in that end, there is only a faded nostalgia, a cruel memory of what one was, the melancholy of what one could have been and will never be, can never be, nor wants to be. And in the midst of this jumble there grows a savage resentment towards the changes that were imposed. Changes without return, paths erased, the deception of the new home that turned out to be a despicable pigsty.

Of what we were, of what we could have been, there remains barely a memory.

'The Road to Not-Being', November 2011

Quiero escribir imaginando, expresar lo imaginado, imaginar relatos, que la imaginación… Deseo recordar un viejo cuento, un cuento de hadas, un cuento de estrellas, un cuento de cuentos, cuentos de abuela, de abuelos que nos cuidaron, de abuelos que siempre nos cuidarán, eternas vidas que permanecen en el vacío de la eternidad, de esa eternidad sin tiempo, ese tiempo con eternidad, vidas que se prolongan, muertes que no llegan, sueños para siempre y cuentos, más cuentos, siempre cuentos antes de dormir.

Recuerdo un día blanco, una mañana blanca, frío en los pies descalzos y la nieve que los calza, corriendo sobre el manto blanco y las huellas de unos pies pequeños, pequeñitos…, un invierno con el calor del verano en las almas, sin los tormentos de los veranos con el frío de invierno que siguieron.

Un despertar de la niña y el despertar de la casa, el despertar de la felicidad en el día blanco. Y se vuelve de colores colorados, coloreando imágenes que ahora tan solo son fotografías y un día tuvieron cuerpos y almas y un corazón que late y otro y otro corazón, y qué vivos colores de los lápices que solíamos usar y el blanco sobre el blanco era más blanco y no teníamos negro, no, no existía tal color. Y qué alegría cuando la niña despertaba y saludaba a todos con su sonrisa y sus ganas, sobre todo sus ganas, tan vivas, de sonreír. Una sonrisa por todos los problemas y la felicidad envolvía ese día blanco y la nieve no era tan fría ni el invierno tan duro y todos eran niños, los adultos, los niños, los viejos, niños, niñez, infancia, dulce hogar.

Recuerdo imaginando e imagino recordando y me quedo con los cuentos, con la ilusión, con la alegría, con la paz y el sosiego de un tiempo sin tiempo, de una vida vivida en otras tantas, de un color puro y tan frágil como el blanco, el blanco de la nieve, el blanco azulado del mar, el verde blanco de la pradera, blanco, todo blanco…

(«Blanco», noviembre de 2011)

I want to write imagining, express what may be imagined, imagine tales, imagination... I want to remember an old story, a fairy tale, a story of stars, a story of stories, stories of grandmas and grandpas who took care of us, of grandparents who will always take care of us, of eternal lives that remain in the void of eternity, eternity without time, time with eternity, lives that extend, deaths that do not come, dreams that last forever and stories, more stories, always a story before going to bed.

I remember a white day, a white morning, cold on the bare feet and the snow that covered them, running on the white blanket and the footprints of small, tiny feet, the tiniest feet... a winter with the warmth of summer in our souls, without the torments of summers, with the winter cold that followed.

The girl awakens, and the house awakens with her, happiness awakens on a white day. And it becomes of coloured colours, colouring images that are now just photographs but once had bodies and souls and a heart that beats and another and another heart, and what lively colours of the pencils we used to use! White on white was whiter, we did not have black, no, such a colour did not exist. And how joyful when the girl woke up and greeted everyone with her smile and her desire, especially her desire, so alive, to smile. A smile for all the problems, and happiness would embrace that white day, and the snow was not so cold nor the winter so hard, and everyone was a child, the adults were children, the elderly, the children, childhood, sweet home.

I remember imagining and I imagine remembering and I treasure the stories, with the excitement, with the joy, with the peace and tranquillity of a time without time, of a life lived in so many others, of colour as pure and fragile as white, the white of the snow, the bluish white of the sea, the white green of the meadow, white, all white...

'White', November 2011

Se me ocurrió empezar por algo así como
«Desde la última vez que dije "Te quiero"»
—y algo más—,
pero no supe qué añadir después.

No sé si es fallo de la memoria
o de la imaginación.

(«Fallos», septiembre de 2012)

Mantengo una buena relación con mis sueños. Los diurnos me guían hacia mi futuro, los nocturnos me cuentan qué anda mal en mi pasado. Y no me dan paz hasta darles respuesta.

(«Sueños», septiembre de 2012)

I thought about starting with something like
'Since the last time I said "I love you"'
- and something else –
but I did not know what else to add.

I do not know if it is my memory
or my imagination at fault.

'Faults', September 2012

I have a good relationship with my dreams. The daytime ones guide me towards my future, and the nighttime ones tell me what is wrong with my past. And they do not give me peace until I give them an answer.

'Dreams', September 2012

Habría escrito mientras llovía, pero la lluvia ha amainado. Tal vez me hubiese traído la inspiración su melancolía, triste *saudade* jamás resuelta. Habría escrito a la luz de una vela, en mitad de la oscuridad, con esa muda canción de fondo. El fondo de lo imposible. Pero esta luz artificial me impide ver mis letras. Tal vez hubiese aceptado el cambiante chapoteo de las lágrimas del cielo ceniciento como melodía rítmica, quizá hubiera podido rimar mis versos, que no llegaron a ser, porque fuera la tormenta ya había cesado. El agua no ha limpiado, sin embargo, apenas nada. Más bien ha ido arrastrando la penuria del mundo en las calles ahogadas en su propia ruina. Barro son, en barro morirán. Mas barro abominado. Podría haber escrito una canción de amor, unos susurros apasionados, un grito de placer, la vida eterna en un instante de dulce destrucción, una apología de lo bello, de lo hermoso, lo conspicuo, lo agradable, preciso, elegante, delicado, noble, exquisito…

Pero la lluvia se ha detenido.

(«Llegué tarde», noviembre de 2011)

I would have written while it rained, but the rain has eased off. It could have brought me the inspiration of its melancholy, a sad *saudade* never resolved. I would have written by the light of a candle, amid darkness, with that mute song in the background. The background of the impossible. But this artificial light prevents me from seeing my letters. I would have accepted the changing splash of tears from the grey sky as a rhythmic melody, and maybe my verses would have rhymed. Verses that never were because the storm had already ended. The water has not cleaned anything, though. Instead, it has carried the world's miseries through the streets, drowning in their own ruin. They are mud, in mud they shall die. Abhorrent mud. I would have written a love song, passionate whispers, a scream of pleasure, eternal life in a moment of sweet destruction, an apology of beauty, elegance, delicacy, nobility, exquisiteness.

But the rain has stopped.

'I arrived too late', November 2011

2012-2014. CAÍDA

Lo que un día fue el centro alrededor del cual
giraba todo un mundo,
hoy, echando la mirada hacia atrás,
provoca sonrojo y cierta vergüenza ajena.
Ya no conmociona. Tan solo indiferencia.
Ya no queda nada más que polvo.
Y ganas de barrerlo; no dejar ni rastro.
Qué aburrimiento,
tanto tiempo con la misma cantinela.
Y así rueda nuestro carro.
Ayer allá y hoy tan lejos.
La historia de toda una vida
no es más que cuento.

He recurrido al silencio como el juez más solemne y quizá más justo, aun siendo lo más vil e ignominioso, para permitirle al sentimiento ser devorado plenamente por el pensamiento.

Para así, de tanto pensar, dejar al fin de sentir.

En silencio, cuando este sentencia pasos de lejanía en cada una de sus armoniosas pausas.

En silencio, en su idioma, un poco en el mío, la mayoría de suspiros lastimeros en la lengua atávica que ninguno comparte.

Mas ¿qué restaba, si no?

2012 – 2014 FALL

What once was the centre around which
an entire world revolved,
now, looking back,
causes vicarious embarrassment.
It no longer shakes us. Only indifference.
Nothing remains but dust.
And a desire to sweep it away, to leave no trace.
How boring,
so long the same old story.
And thus it rolls – our cart.
Yesterday there and today so far away.
The story of an entire life
is nothing but a tale.

I have resorted to silence as the most solemn and, perhaps, fairest judge, even though the vilest and most ignominious, to allow the Feeling to be entirely devoured by the Thought.

So, by overthinking, at last, I can stop feeling.

In silence, when it sentences footsteps of distance in each of its harmonious pauses.

In silence, in its language, a bit in mine, the majority of pitiful sighs in the atavistic tongue neither of us shares.

But what else remained?

Era necesario el recogimiento en la única patria que siempre nos recibirá, tachadas ya nuestras almas de parias, rotos ya nuestros corazones ingratos. No en vano, le han escrito tanto, tantos, le han cantado tanto, tantos la han amado y odiado tanto.

«Ay, mi soledad, a nadie nunca como a ti le he sido fiel», rezan algunos, rezo también yo mi única creencia en noches sin luna,

sin estrellas, sin cielo.

Y tan lejos el infierno.

Y ahora que el silencio escogió matar antes que reavivar todavía las lágrimas del fuego, que siento perdido todo cuanto una vez fue hogar y sentido, que te he perdido, que me he perdido,

pronombres tan fácilmente asimilables también en su ausencia, quedando así un simple resto de haber perdido, «he perdido»;

y ahora que esa pérdida irremediable ocupa un lugar más entre los libros que me acompañan,

Deseo de ser piel roja, *El amante*, Hesse, Cernuda, tal vez Cioran; punto,

como un texto más que me define, que me forma y deforma, que juega con mis sentidos, me enloquece, me hace alcanzar el altar de lo sublime, y entonces las puertas del abismo reciben ardientes mi caída, risa grotesca, ironía cruel y, al fin, paz.

Paz en, de, con la pérdida,

paz de, con, en la demencia, la locura, el disparate, el absurdo.

Paz en el silencio, en la soledad.

Entonces te tenía delante y ya conocía este presente, ¿no deberían representar esos momentos los más esperpénticos de nuestras vías cruzadas?

Pero esta bruma con nombre de pérdida no llega solo desde tu oeste —en contraposición a mi este—,

que tú estarías tentado a asimilar como dueño, no, este libro que me escribe y que escribo corresponde a tantos «tú»

It was necessary to withdraw to the only homeland that will always receive us, our souls already branded as outcasts, our hearts broken and ungrateful. It is no wonder that so many have written, sung to her, loved and hated her so much.

Oh, my Solitude, to no one have I ever been faithful as I have to you, some sing, and I too sing and pray, my only belief on moonless nights,

without stars, without sky.

And so far away, hell.

And now that silence has chosen to kill rather than revive the tears of fire, that I feel everything that once was home and gave meaning is lost, that I have lost you, that I have lost myself,

pronouns so easily assimilated even in their absence, leaving behind only the remains of loss: *I have lost*;

and now that this irreparable loss occupies a space among the books that accompany me

- *Deseo de ser piel roja, The Lover*, Hesse, Cernuda, perhaps Cioran; period –

like just another text that defines me, that forms and deforms me, that plays with my senses, drives me crazy, makes me reach the altar of the sublime, and then the doors of the abyss ardently receive my fall, grotesque laughter, cruel irony, and finally, peace.

Peace in, of, with the loss,

peace in, of, with the madness, the insanity, the nonsense, the absurd.

Peace, in silence, in solitude.

I had you before me then and I already knew this present. Shouldn't those moments represent the most exaggerated ones of our crossed paths?

But this mist called Loss does not just come from your west – in opposition to my east –

that you would be tempted to claim ownership of; no, this book that writes me and that I write belongs to so many of *you*,

que se convierten en «vosotros», amantes que lograsteis serlo de mi alma, y no solo de mi cuerpo, a vosotros, mis amados, mis queridos, amores de mi vida, aún todavía os recuerdo, aún os amo, lo juro —juramento de quien nunca jura—,

perdonadme, perdonad que haya encontrado al fin el sosiego en el silencio y la soledad.

~~Perdonad que de vez en cuando os eche aún de menos.~~

(«Silencio», enero de 2012)

Volver a los viejos lugares donde una amó la vida, aunque esos lugares tan solo existan en la memoria que inventó el cuento de nuestro pasado feliz. No sé si es más duro querer volver atrás o que ese punto de comienzo nunca haya existido.

(«Cuentos», septiembre de 2012)

who become all of *you*, lovers who managed to love my soul and not just my body, to you, my beloved, my dear, loves of my life,

I still remember you, I still love you, I swear – the oath of one who never swears –

forgive me, forgive me for finally finding serenity in silence and solitude.

~~Forgive me for occasionally still missing you.~~

'Silence', January 2012

Returning to the old places where one loved life, even though those places only exist in the memory that the tale of our happy past invented. Is it harder wanting to go back or knowing that such starting point never existed?

'Stories', September 2012

Y las noticias vienen de otra parte,

siempre de otra parte,
de ese mundo que no espera,
al que poco importan nuestros
cambios o nuestras pausas,
nuestras penas, nuestras
alegrías que no comparte
ese mundo de locos.
Locos que nos dirigen,
locos que nos informan,
locos que velan por nuestra seguridad,
locos en la calle, acompañándonos día a día,
locos nuestros amigos, los que nos quieren
y también aquellos a los que queremos
—rematadamente locos, locos de atar—,
locos nuestros enemigos, los que odiamos
y también los que nos odian
—estúpidamente locos, para ahorcarlos—,
locos en sus creencias, locos en sus actos,
en sus fobias,
en sus futesas, en lo que tienen de excepcional,
locos esclavizándonos, encarcelándonos, matándonos,
locos en su triste mediocridad,
locos que nos tratan de locos.
Las noticias siempre llegan de esa otra parte.

Y los cuerdos, ¿dónde están?,
los brazos amputados no escriben,
las lenguas ensangrentadas no hablan,
no muestran las cuencas vacías de los ojos.
¿Dónde están los que aún conocen nuestro idioma,
es que nos han abandonado?,

And the news come from elsewhere,

always from elsewhere,
from that world that does not wait,
that cares little about our changes or pauses,
our sorrows,
our joys that it does not share,
that world of madmen.
Madmen who direct us,
madmen who inform us,
madmen who watch over our safety,
madmen on the streets, accompanying us day after day,
our mad friends, those who love us
and also those we love,
– utterly crazy, mad hatters –,
our mad enemies, those we hate
and also those who hate us,
–stupidly crazy, fit to be hanged–,
mad in their beliefs, mad in their actions,
in their phobias,
in their foolishness, in what is exceptional about them,
madmen enslaving us, imprisoning us, killing us,
mad in their sad mediocrity,
madmen who call us mad.
The news always come from that other side.

And where are the sane ones?
Amputated arms do not write,
bloody tongues do not speak,
empty eye sockets do not show.
Where are those who still speak our language,
have they abandoned us?

¿dónde queda el lugar de la cordura?,
¿dónde aferrarse a un clavo que no esté ardiendo?,
¿dónde un poco de sabor de hogar,
de olor de hogar,
de dolor de hogar?
Mueren. Mueren poco a poco todos;
todo lo que valía la pena.
Nos aíslan dejándonos en soledad
y la añoranza aniquila.

(«Noticias de esa otra parte», enero de 2012)

Where is the place of sanity,
where to go to stop clutching at straws?
Where is there, some taste of home,
some smell of home,
some pain of home?
They are dying. They are all dying slowly;
everything that was worth it.
They isolate us, leaving us in loneliness,
and longing annihilates us.

'News from that other side', January 2012

La noche trae consigo todos los secretos del universo descubiertos. Los muestra, nos los regala confiada. A cambio, nos pide oscuridad total, por donde el pensamiento pueda escribirse libre en el agua de tinta negra.

La llegada del día no perdona los misterios que su enemiga nos desvela. Viene y con ella se disipan todas las disquisiciones que apenas unas horas antes dotaban de sentido a la vida. Viene y, rencorosa, tacha de absurdas incoherencias, de estúpidos e irracionales los pensamientos nocturnos. Nada queda al amanecer.

Quizá tan solo los niños, los borrachos y la noche tengan la verdad.

Pero el día nunca permitirá creerlos.

(«Quizá si escucharas», enero de 2012)

The night brings with it all the secrets of the Universe. It shows and offers them to us with confidence. In exchange, it asks for total darkness, where thoughts can be written freely in the black ink water.

The day's arrival does not forgive the mysteries its enemy unveils to us. The day comes, and with it, all the disquisitions that barely hours before gave meaning to life dissipate. The day comes and, resentful, labels nocturnal thoughts as absurd, stupid, irrational incoherencies. Nothing remains at dawn.

The Truth, perhaps, is only held by children, drunks, and the Night.

But the Day will never allow us to believe them.

'Perhaps if you listened', January 2012

Llevaba media tarde en la tienda y todavía no se había decidido.

—¿Puedo ayudarte en algo?

—Sí, eh…, bueno, ¿es todo lo que tenéis?

—Verás, nuestras tiendas son las mejores del mercado, ofrecemos la máxima calidad, recibimos mercancía todos los días, la última tecnología, las últimas novedades, lo más demandado, todas las preguntas que pueda plantearse cualquiera que ahora mismo esté paseando por la calle…, aquí tenemos las respuestas.

—Ya, cierto, me llamaron la atención vuestros anuncios, sin embargo, aun a pesar de haber rebuscado entre las estanterías y haber encontrado buenas respuestas, hay una que no encuentro.

—Estará en el almacén. ¿Qué buscas?

—La respuesta a… esto… —Le abre una pequeña cajita que guardaba en el bolsillo de la chaqueta.

—A… ¡¿la vida?! ¿Pero cómo se te ocurre plantearte semejante pregunta en los días que corren, te das cuenta de lo que sucedería si viniera la policía ahora mismo?

—Eh, verás, llevo mucho tiempo buscando esa respuesta, no la encuentro, no hay manera… Lo siento, ya me voy, no quería ocasionarte problemas.

Cuando ya estaba a punto de salir de la tienda…

—Oye, espera. Escucha, aquí no vendemos esa respuesta. Pero ven esta noche a la hora del cierre. Creo que puedo conseguirte algo.

Noche, luna llena. La estaba esperando.

—Aquí tienes.

No pudo contener la emoción al ver el paquete, al fin iba a tener la maldita respuesta, en tantas tiendas había encontrado copias baratas de la misma, tantas veces la habían estafado… Se lo arrebató de las manos y, antes de darle las gracias, ya lo había abierto. En cuanto lo hizo, palideció.

—¡Una pistola…!

(«De compras», junio de 2012)

She had been in the store for half the afternoon and had not made up her mind yet.

'Can I help you with something?'

'Yes, um... well, is this all you have?'

'You see, our stores are the best in the market, we have the highest-quality products, we receive supplies every day, the latest technology, the latest novelties, the most demanded items. For all the questions that anyone walking down the street right now might have... we have the answers.'

'Yeah, true, your ads caught my attention, however... even though I have searched through the shelves and found good answers, there is one I cannot find.'

'It must be in the warehouse. What are you looking for?'

'The answer to... this...' She opens a small box that she kept in her jacket's pocket.

'To… to... Life! But how could you even consider such a question in these times? Do you realise what would happen if the police caught us right now?'

'Uhm, you see, I have been looking for that answer for a long time, I cannot find it; there is no way... I am sorry, I'm leaving, I did not mean to cause any trouble.'

And when she was about to leave the store,

'Hey, wait. Listen, we do not sell that answer here. But come tonight at closing time. I think I can get you something.'

Night, full moon. She was waiting.

'Here you are.'

She couldn't contain her excitement when she saw the package; she was finally going to have the damn answer, she had found cheap copies of it in so many stores, she had been ripped off so many times… She snatched it from his hands, and before even thanking him, she opened it. As soon as she did, she turned pale.

'...A gun!'

'Shopping', June 2012

26/06 - Prólogo a la nada

Quizá sea hora de empezar a escribir. Una lee y lee y nunca se atreve a dar el paso más allá, hay tantos libros…, pero una sola vida, ¿quién puede pensar en escribir con semejante desafío? Los dedos demandan, piden vida propia, quieren decidirse sobre el papel. Protagonistas de historias rotas, cuentos de brujas —que no de hadas—, de hazañas fracasadas de héroes cobardes o quizá con un toque extra de mala fortuna, eso es lo que los dedos quieren describir. De tanto final feliz, las perdices están en vías de desaparición, hay que cambiar de animal o dejar de creer en tales finales. Hay un mundo, otro mundo más cercano que el de los cuentos de hadas, donde el sufrimiento es la base, el desamor lleva la corona y la crueldad es el arma. El mundo que nos rodea a diario, el mundo de nuestros padres, nuestros hermanos, nuestros amigos, nuestros enemigos y toda esa patraña de conocidos y parientes lejanos que en las redes sociales se agrupan bajo la misma categoría de amistad. Sí, ese mundo que nos toca, que nos acaricia y araña el alma instante a instante desde el momento en que inventamos una sociedad, y que ahora obedece a un único Dios que cada uno llama a su gusto, pero cuyo nombre no es otro que Dinero. Y la felicidad, la familia y la vocación, todo, se entiende bajo su único código… «moral». Código degradado, estúpido, hipócrita y ante todo, inmoral. En ese mundo sobra el principio tan aventurado del «había una vez» cambiándose por noticias que asaltan minuto a minuto provenientes de todo el globo, de tanta masa anónima que la mayoría de las veces no hace más que dar su opinión mediocre sobre el asunto por tratar, y así es como comienzan las historias de este mundo, amanecer tras amanecer… Manos a la obra, pues. Bienvenidos a la gran farsa, el teatro de lo estúpido y lo absurdo, a la broma macabra, la parodia de la humanidad, sea lo que fuere que ese nombre signifique ya a día de hoy.

26/06 –Prologue to Nothingness

It may be time to start writing. One reads and reads on, and never dares to take a step further; there are so many books and only one life. Who can even think of writing with such a challenge? But the fingers urge, they ask for a life of their own, they want to make decisions on paper. Protagonists of broken stories, tales of witches – not of fairies – of failed feats of coward heroes perhaps touched with too much misfortune, that is what the fingers want to describe. After so many happy endings, stocks of the words 'ever after' are sinking; we must change idioms or stop believing in such endings.

There is a world, another world, closer than the one of the fairy tales, where suffering is the foundation, heartbreak wears the crown, and cruelty is the weapon. The world that surrounds us daily, the world of our parents, siblings, friends, enemies, and all that nonsense of acquaintances and distant relatives who are all grouped together on social media under the same category of *friends*. Yes, that world that touches us, that caresses us, that scratches our souls, instant after instant, from the moment we invented a society; that world that now obeys a single God that everyone may call what they like, but whose name is no other but Money. Happiness and family and vocation, everything is understood under its only ethical… code. Degraded, stupid, hypocritical and, above all, immoral code. In that world, the daring principle of *once upon a time* is superfluous, replaced by the news that assault us by the minute from all over the globe, from this anonymous mass that most of the time only gives its mediocre opinion on the matter at hand; and that is how the stories of this world begin, dawn after dawn... let us get to work then. Welcome to the great farce, the theatre of the stupid and the absurd, the macabre joke, the parody of humanity, whatever that name means today.

29/06 - Desespero

Tantos años. Tantos años y ¿qué está siendo de mí? ¿Qué rumbo está tomando mi vida? ¿Adónde, adónde se supone que voy? Tantos años..., ¿quién lo diría? ¿Cuándo he llegado aquí? Últimamente no me entero de cuándo pasa el tiempo y poco a poco están pasando años enteros. Tantos años... y sin rumbo. No sé qué me espera. No me sirve la estabilidad que da la continuación de unos estudios, una casa —que no hogar— donde dormir y comer. No me sirve la estabilidad de la familia, la de los amigos, ni siquiera la de quienes nos odian. Lo intentamos, lo sé, una y otra vez, crear esa estabilidad, esa seguridad, algo sobre lo que poner los pies y tener la certeza de que no temblará bajo ellos. Pero no existe tal firmeza en el suelo. No se trata de que piense en el futuro que me espera dentro de unos años, cuando ya haya terminado los estudios y me toque verme frente al vacío laboral, delante de la etiqueta de juventud sin futuro, sin nada. No es eso lo que me aterra. Lo que me atemoriza está mucho más cerca y cala más hondo, no es la inestabilidad que está por llegar, sino la que ya existe. La que convive a diario conmigo. La que conduce a no saber siquiera qué sucederá mañana. Es ese sentimiento de saber que algo falla de nuevo, que algo está por llegar, o la necesidad de que llegue para salvarnos. ¿Pero el qué?, ahí está la gran incertidumbre, la que me impide hacer otra cosa que esperar. Esperar, esperar, esperar. Así me siento. Como esperando algo. Qué sé yo qué. Pero en espera.

29/06 – Despair

So many years. So many years, and what is becoming of me? What direction is my life taking? Where, where, where am I supposed to go? So many years... who would have thought it. When did I get here? Lately, I do not even notice when time passes and years are slowly going by. So many years... without direction. I do not know what awaits me. The stability that comes from continuing to study, a house – not a home – to sleep and eat in, is useless to me. The stability of a family, of friends, not even the stability offered by those who hate us. We try, again and again, to create that stability, that security, something to stand on and be sure that it will not shake beneath our feet. But there is no such firmness in the ground. This is not about thinking of the future that awaits me in a few years once I finish my studies and have to face the void of the job market, brandishing the label of youth with no future, with nothing. That is not what terrifies me. What terrifies me is much closer and cuts much more profound; it is not the instability that is to come but the one that already exists. The one that coexists with me daily. The one of not even knowing what will happen tomorrow. It is the feeling of knowing that something is wrong again, that something is about to happen, or the need for something to happen to save us. But what, the great uncertainty which prevents me from doing anything but waiting. Waiting, waiting, waiting. That is how I feel. Like I am waiting for something. God knows what. But waiting.

26/06 - Decíamos…

Tengo miedo. ¿No queríais sinceridad? Pues ahí la tenéis: tengo un miedo atroz. Eso es lo único que compartimos incondicionalmente todos, ese feroz y culpable —por maldito— y maldito —por culpable— terror en lo más profundo de nuestro ser.

Hoy

Hoy no se me ocurre qué decir. No recuerdo esa tormenta. No recuerdo nada.

(«Crónica absurda», junio de 2012)

26/06 – We were saying...

I am scared. You wanted honesty, right? Well, there you have it: I am terribly afraid. That is the only thing we all unconditionally share, that ferocious and guilty terror deeply rooted in our being.

Today

Today, I cannot think of what to say. I do not remember that storm. I do not remember anything.

'Absurd chronicle', June 2012

Ese empeño continuo en ser menos de quien se podría llegar a ser… También hace falta esfuerzo para ser mediocre, y no precisamente poco. Quizá la diferencia entre la mediocridad y la genialidad tan solo radique en dónde concentramos la atención —y la maña—.

(«Mamandurrias», julio de 2012)

This continuous effort to be less than who one could be. It takes effort to be mediocre, and not just a little. Perhaps the difference between mediocrity and genius lies solely in what we focus our attention on – and our skill.

'Trivialities', July 2012

Hagamos una prueba. Tienes la hoja en blanco, el destinatario y tus dedos preparados. También tienes tiempo, cosa de la que no muchos pueden alardear. Tienes una oportunidad. No dos ni tres ni veinte mil. Una. Piensas. Te das el lujo de pensar. Puedes escribir lo que te venga en gana en ese espacio inmaculado, pero con la condición de que contará cada palabra, cada frase, cada signo de menos o de más reflejará el terror, la inseguridad o la calma y un mínimo de salud mental —términos ambiguos donde los haya—.

No has empezado todavía y piensas en ponerte alguna canción de fondo que quizá te ayude. Quizá te dé la clave. Sabes de antemano que solo estás haciendo tiempo, eres consciente de que sabes algunas cosas que podrían servirte de ayuda en esto, pero decides olvidarte de todo eso y, bueno, hacer algo así como dejarte llevar. Ya has cambiado más de diez veces de tipo de música y no han pasado ni cinco minutos. Por un momento se te ha encendido una lucecita sobre cómo empezar. Te has enganchado con el principio y has conseguido unos tres párrafos… Basura.

Tachas, borras, a la mierda con todo. Cuanto más lo intentas, menos claro lo ves. Era la prueba, ¿no? Pues he ahí los resultados: no es el momento. No ahora. Quizá nunca. Pero, desde luego, no ahora. Y, por supuesto, cuanto más corra el tiempo, más tarde será. ¿Podría ser de otra manera? Pero es que ya es bastante tarde, ¿no ves que es la luna quien te alumbra desde hace ya unas cuantas horas? Tu problema es que tampoco sabes qué quieres. No es suficiente con saber que quieres escribir. Hace falta tener algo que decir. Y un propósito. ¿Solo escribir por escribir? Y luego, ¿qué? ¡Ah!, y luego ¿qué…?

(«Prueba», agosto de 2012)

Let's do a test. You have a blank sheet, a recipient, and your fingers are ready. You also have time, something not many can boast about. You have an opportunity. Not two, or three or twenty thousand. Just one. You think. You have the luxury of thinking. You can write whatever you want in that immaculate space, but under the condition that every word, every phrase, every plus or minus sign will reflect terror, insecurity or calmness and a minimum of mental health – ambiguous terms, to say the least.

You have not started yet, and think about putting on some background music. It may help you. It may lead you to the *Eureka* moment. You know that you are just killing time, that you know of some things that could help you, but you decide to ignore all that and, well, just go with the flow. You have changed the type of music more than ten times, and it has not even been five minutes. For a moment, a thought came to mind about how to start. You got hooked on the beginning and got about three paragraphs… all garbage.

You cross it out, erase it, to hell with everything. The more you try, the less apparent it becomes. Was not this the test? Well, here are the results: it is not the time. Not now. Maybe never. But certainly not now. And, of course, the more time goes by, the later it will be – could it be any other way? But it is already late enough; do you not see that the moon has been shining on you for a few good hours already? Your problem is that you do not even know what you want. It is not enough to know that you want to write. You need to have something to say. And a purpose. Just writing for the sake of writing? And then, what? Ah, what indeed...

'Test', August 2012

Devolver la libertad *a tiempo* puede ser el mayor acto de amor se le puede hacer a la persona amada. Antes de que la juventud entregue sus mejores años, su inocencia, su inexperiencia. Y condene su futuro. Mucho ha de valer alguien para entregarle ya no la vida entera, sino la belleza y el aliento de la juventud.

(Igual sucede con las ciudades: mucho ha de valer alguna para una decidir vivir allí toda la vida).

Por desgracia, no es que no existan tales personas o tales ciudades, que, de hecho, aunque pocas —o no—, existen, sino que la mayor parte de las veces no es elección, sino conformismo. Falta de conocimiento. Falta de ganas de conocer. Falsa seguridad, etcétera. Una pena. Vidas tristes y normales.

(«Te quiero libre», agosto de 2012)

Giving back someone's freedom on time can be the greatest act of love anyone can do for a loved one. Before youth gives away their best years, their innocence, their inexperience. And condemns their future. Someone must be very worthy for us to give them not just our entire life, but also the beauty and breath of youth.

(The same goes for cities: a city must be very precious for anyone to live in it for the rest of their life.)

Unfortunately, it is not that such people or cities do not exist; even though they are few (or many) of them, they do exist, but most of the time, it is not a matter of choice that makes one stay; it is settling. It is a lack of knowledge. Lack of willingness to learn. False security.. What a pity. Sad and ordinary lives.

'I want you to be free', August 2012

Sientes las manos temblar.
Tiemblan ellas por el crimen, tiembla el corazón por el puñal.
Ante tanto «no», cuán poderoso «sí» se erigió.
Y destrozó.
Y arrancó todo cuanto pudo,
todo cuanto quiso permanecer:
quedarse, dar sentido, salvar unas creencias,
unos sentimientos,
promesas,
esperanzas,
etc.

Sientes honda la culpabilidad.
La estupidez.
La debilidad.

Y si al menos se hubiera conseguido algo.

Ni eso.
Ni tan solo eso.

Y piensas que si, quién sabe, de haberse conseguido algo,
no habría sido peor.
Encontrarnos a la víctima despierta,
¿No habría resultado más mezquino todavía?
¿No vale más haberla matado mientras dormía?
De habernos visto, ¿qué nos habría dicho?
—¿Has venido a matarme?
¿Y qué podríamos haber contestado?

No cabe la mentira frente a quien pronto ha de abandonarnos.

—Vengo a matarte, aunque tan solo necesitaba hablarte una vez más antes de…

You feel your hands trembling.
They tremble for the crime, the heart trembles for the knife.
Amidst so many 'No's, how powerful the 'Yes' arose.
And it destroyed.
And it tore apart everything it could,
everything that wanted to remain:
to stay, to give meaning, to save some beliefs,
some feelings,
promises,
hopes,
etc.

You feel deep guilt.
Stupidity.
Weakness.

And if only something had been achieved.

Not even that.
Not *even* that.

And you wonder if, who knows, something had been achieved,
would it not have been worse?
To find the victim awake,
would it not have been even more selfish?
Is it not better to have killed them while they slept?
Had they seen us, what would have they said to us?
'Have you come to kill me?'
And what could have we answered?

There is no lie in the face of the one soon to leave us.
'I have come to kill you, even though
I just needed to talk to you once again before.'

(¿Antes de…? ¡Cuánto egoísmo!).
Ni tan solo eso.
Tenía dulces sueños.
Mientras nuestro tormento apuñalaba su corazón.
—Que tengas dulces sueños.
Lamento no comprender estos deseos locos de matarte.
Lamento seguir con vida.

(«Dulce Navidad», enero de 2013)

Before. How selfish!
Not even that.
They were having sweet dreams.
While our torment stabbed their heart.
'May you have sweet dreams.'
I regret not understanding this crazy desire to kill you.
I regret me being still alive.

'Sweet Christmas', January 2013.

Qué ~~peor~~ mejor que el insomnio para escribir. Insomnio nuestro de todas las noches, como quien dice... Pero nadie dice nada. En la noche, todo quieto, personas que duermen. Duermen, no saben nada... Alguien escribe sobre ellas. Ellas lo ignoran. Duermen, un lujo. Poder escribir también lo es. Que las palabras signifiquen. Pero no dicen nada, ya no dicen nada, ellas tampoco. Peor que el silencio. Murmullo incesante de letras que caen, dedos que no saben parar sobre el teclado y escriben lo primero que se les ocurre. Menudo despropósito. ¿Dónde queda aquello que fue? Ya no queda ni un poco, tan solo queda una última palabra con sentido: «fin». Algún día se nos escapará de las manos y se quedará aquí, quietecita. Algún día. Mientras tanto, más ojeras. Mientras tanto, nadar en la nada. Mientras tanto, la vida pasa.

Los libros ya no envidian a los amantes que se hacen hueco entre ellos, y de paso, hacen... el amor. Los libros ríen de pena, pues las lágrimas borrarían sus letras y ya nada tendrían que contar. Los libros piden clemencia, quieren ser abiertos de piernas. Quieren ser follados, como quien dice. Pero ya nadie dice nada. Ya nadie hace. Ya nadie lee. Pobres libros. Qué vergüenza de biblioteca. Una pena. Tan joven, tan rica, tan abandonada. Ya nadie te desea. Ya a nadie convences.

Nos falta el vocabulario, nos faltan las palabras, están vacías. Somos nosotros los que estamos vacíos. Insomnio, insomnio querido, cuánto daría por que te fueras.

Y vendrán y dirán y opinarán y nada sabrán. Pues cunde el silencio y las gentes duermen. Y nada saben.

(«De noche», mayo de 2013)

What ~~worse~~, what better than insomnia to write? Our almighty insomnia of every night, as they say... But no one says anything. At night, everything is still, and people are sleeping. They sleep. They do not know.

Anything. Someone writes about them. They do not know. They sleep. What a luxury. A luxury to be able to write, too. A luxury for the words to have meaning. But these do not mean anything. They do not say anything anymore. Neither. Worse than silence. An incessant murmur of falling letters, fingers that do not know how to stop moving on the keyboard and just write the first thing that comes to mind. What a mess. Where is what once was? There is nothing left. Not even a little. Only the last two words retain any meaning: the end. Someday it will slip away from our hands and stay here quietly. Someday. In the meantime, more baggy eyes. In the meantime, swimming in nothingness. In the meantime, life goes by.

Books no longer envy the lovers who make room for themselves between the shelves and, on the way, make love. Books laugh in sorrow, for tears would erase their letters and they would have nothing left to tell. Books beg for mercy. Books want to spread their legs. They want to be fucked, so to speak. But no one says anything anymore. No one does. No one reads. Poor books. What a shame of a library. A pity. So young, so rich. So abandoned. No one desires you anymore. You do not convince anyone anymore.

We lack vocabulary; words are empty. We are the ones who are empty. Insomnia, dear insomnia, how much I would give for you to go away.

And they will come and say and give their opinions and will know nothing. Because silence spreads, and people sleep. And they know nothing.

'At night', May 2013

Dudar… de la propia mente.
De la propia locura —que, a veces, considero exageración—.
De la propia cordura —que, a veces, considero soberbia—.
Dudar, saber que no hay nada. Y reír; sin embargo, reír.
(Sin título, marzo de 2014)

To doubt… one's own mind.
One's own madness —which I sometimes consider exaggerated—.
One's own sanity —which I sometimes consider arrogant—.
To doubt, to know that there is nothing. And yet laugh, and laugh.

Untitled, March 2014

Bórralo. Bórralo todo, por Dios. Bórranos, borra lo que creamos, borra lo que fuimos. Yo te estoy borrando, ya no escribo, desescribo. Nos leo y nos borro, compulsivamente, obsesivamente. Estoy borrándote también de mi piel, con estropajo, que sangre, quiero mudar de piel; te tacho de mi boca, te fumo, te bebo, te escupo, te vomito, te lloro hasta que no quede ni rastro. Sin mirar atrás: me lavo los ojos con detergente. Nos recuerdo para que nos desdibujemos. Estoy borrando tu cara, estoy borrando tu voz, tu mirada, tus ojos, tu boca, tus labios. Tu mano cogiendo mi mano. Borrándote a ti abrazándome mientras tú no me dejas ir. Tus besos en mi espalda. Tus cosquillas, mi risa. Mi cabeza sobre tu pecho, nuestras piernas entrecruzadas. Elimina todo eso. Sácalo de mí. Quema esta cama, quema la casa por entero. Quema todos los lugares que compartimos, te doy la lista. Borra el recuerdo, borra también mi corazón. Bórralo por entero. Por Dios, borra también a Dios. Tampoco existe. Nunca existió. Nunca existimos. Bórranos, mátanos. Mátame.

(«Hazme literatura», noviembre de 2013)

Erase it. Erase it all, for God's sake. Erase us, erase what we created, erase what we were. I am erasing you, I no longer write, I unwrite. I read us and erase us compulsively, obsessively. I am also erasing you from my skin, with a scouring pad, until it bleeds. I want to shed my skin; I erase you from my mouth, I smoke you, drink you, spit you out, vomit you, cry you out of me until there is no trace left. Without looking back: I wash my eyes with detergent. I remember us to fade us. I am erasing your face, erasing your voice. Your gaze, your eyes. Your mouth, your lips. Your hand holding my hand. You embracing me. You not letting me go. Your kisses on my back. Your tickles, my laughter. My head on your chest, our legs intertwined. Erase all of that. Take it out of me. Burn this bed, burn the entire house. Burn all the places we shared, I will give you the list. Erase the memory; erase my heart too. Erase it completely. For God's sake, erase God too. They do not exist, either. They never did. We never existed. Erase us, kill us. Kill me.

'Make me literature', November 2013

Hay que escribir. Tanto blanco es impuro. Y grande la soberbia, aunque todavía no está decidido si esta es la de la hoja inmaculada o de quien pretende mancharla de palabras.

Escribir, ahora que se acerca el fin de una época, escribir imaginando la futura época. Todo comienza así. Imaginación, palabra, acción.

Y en este juego —todo es juego, todo ha sido siempre juego, juegos serios, fáciles, mortales, pero juegos—, de repente, *suddenly*, sin buscarlo ni esperarlo, llega un momento de claridad.

Estos momentos han sido muy pocos, llegan y se diluyen en el tiempo hasta quedarse en simple anécdota, como todos los demás instantes de la vida, sobre todo, los importantes; lo relevante es que llegan. Y se siente en ese lapso de tiempo como si se acabara de entender el sentido del universo. Al menos, del universo que nos rodea a cada uno, personal y subjetivamente, tal es la fuerza con la que llegan.

(Aunque nada cambia, no hay fuegos artificiales, ruidos de tambores ni aplausos ni felicitaciones ni cambios bruscos en el cuerpo; el silencio sigue hablando, la oscuridad ilumina y la soledad acompaña).

A mí me hizo entender lo que llevaba casi cuatro años sin comprender, y esa falta de entendimiento ata, acorta la libertad, acaba por esclavizar.

Se puede desprender del pasado tan solo cuando se pierde el sentido que se le otorgaba; la creencia en el sentido de ese pasado que se quería futuro.

Y así sucedió. Quién sabe cómo, quién sabe por qué, mientras las letras fluían despacito por esa libreta de blanco inmaculado, llegó esa revelación. Por la mañana, o quizá la anterior, había leído que «acabamos viendo lo oscuro; lo completamente claro lleva más tiempo». Y me había hecho gracia.

We must write. So much white space is impure. Pride is large, still unknown whether it belongs to the immaculate sheet or to the one who intends to stain it with words.

To write, now that the end of an era is approaching; to write, imagining the future era. Everything begins like this. Imagination, word, action.

And in this game —everything is a game; everything has always been a game, serious games, easy games, deadly games, but games— suddenly, *de repente*, without looking for it or expecting it, a moment of clarity arrives.

These moments have been very few; they come and dissolve in time until they become a simple anecdote, like all other moments in life, especially the important ones. What is relevant is that they come. And it feels, in that lapse of time, as if one had just understood the meaning of the universe. At least of the universe that surrounds each of us, personally and subjectively, as it is such with such a strong force that they arrive.

(But nothing changes, there are no fireworks, no drum beats or applause, no congratulations, no sudden changes in the body; the silence continues to speak, the darkness illuminating and the loneliness accompanying).

It made me realise what I had been unable to understand for almost four years. And the lack of understanding binds, shortens freedom, and ends up enslaving.

One can detach oneself from the past only when the meaning attributed to it is lost, when one stops believing in the destiny of that past: a past that one hoped would become the future.

And so it happened. Who knows how, who knows why, while the letters flowed slowly into that immaculate white notebook, that revelation came. In the morning or the morning before, I had read that *we eventually see the obscure. What is completely obvious, it seems, takes longer*, and it made me laugh.

Me siento, al fin, libre. Libre de mis demonios, del más importante de ellos; del único que podía tener control real sobre mí. De lo único que ha sido constante diariamente en mi mente en los últimos casi cuatro años. Del motivo de mi mayor felicidad y de mi mayor desesperación.

(«Fin de una etapa», diciembre de 2013)

I feel, at last, free. Free from my demons —from the most important one of them, from the only one that could have absolute control over me. From the only thing that has been a constant daily presence in my mind for almost four years. From the reason for my greatest happiness and my greatest despair.

'End of an era', December 2013

La vieja Europa. La Europa de las muchas Europas. El Occidente racional, frío, pragmático, comedido, sensato, tranquilo.

He encontrado tantas veces fallos a ese Occidente hipócritamente maduro, de falso saber estar con los pies en la tierra, llena de barro…

Tal vez desde el desencanto de saber que la vida puede fallar y falla —y poder seguir adelante después—, tal vez eso se llame desencanto, y no realismo —puede que sea desilusión, pérdida progresiva del idealismo, decepción, aprendizaje prematuro…—, quizá desde una visión que, queriendo o sin querer, ha bebido hasta emborracharse de Occidente; pero no puedo ver ya nada interesante en la pasión, el sufrimiento y el odio desmedidos de ese sur del nuevo continente —con México más que incluido—. Es la misma tragicomedia que se puede encontrar en el este de Europa.

Es aburrido. Me parece infantil e inmaduro. Exagerada dramatización. Una pérdida de tiempo. Personas que se obstinan en sufrir y en no pasar página. No olvidan, no perdonan, no descansan, no confían —en el otro o en sí mismas— o confían demasiado —en el otro o en Dios—, envidian y celan y quieren y aman poseyendo y aman y aman y odian. Lo dan todo, el alma, la salud, la vida. Por causas perdidas. Tanta energía, tanta intensidad…

En vez de aprender que la vida puede fallar, y falla. Y seguir adelante.

Tal vez porque yo una vez fui así, el este corre en mi sangre y el sur me ha visto crecer, y miro atrás y veo cuánto dolor innecesario hubo por una pasión inútil, pero ya no puedo empatizar con tanta intensidad insulsa.

No es que haya dejado de creer en —y querer— darlo todo. ¿Fue Borges quien dijo que las personas creían en lo divino porque ellas mismas lo eran? Me parece una buena suposición. No se deja de creer en el paraíso por descubrir que también el infierno

The Old Europe. The Europe of many Europes. The rational, cold, pragmatic, restrained, sensible, and calm West.

So many times, I have found so many faults with this hypocritically mature West, with its false *savoir-faire* while keeping its feet in the mud-filled ground.

Maybe since the disenchantment of knowing that life can fail, and so it does, – and being able to move on afterwards –; if that is called disenchantment and not realism —perhaps it is disillusionment, a progressive loss of idealism, disappointment, premature learning...— maybe from a vision that, whether consciously or unconsciously, has drunk so much of the West that it has become intoxicated; but I can no longer see anything interesting in the excessive passion, suffering, and hatred of that south of the new continent —Mexico more than included—. The same tragicomedy that can be found in Eastern Europe.

It is boring. It seems childish and immature to me. Exaggerated dramatisation. A waste of time. People who insist on suffering and on not turning the page. They do not forget, do not forgive, do not rest, do not trust —either in the Other or in themselves—, or trust too much —in the Other or in God—, they envy and are jealous, and they love possessively, and they love some more and they hate. They give everything, their soul, their health, their life. For lost causes. So much energy, so much intensity.

Instead of learning that life can and does fail, and moving on.

Perhaps because I was once like that, the East runs in my blood, and the South saw me grow up; I look back and see how much unnecessary pain there was for useless passion, but I can no longer empathise with such insipid intensity.

It is not that I have stopped believing in —and wanting— to give it all. Was it Borges who said that people believed in the divine because they themselves were divine? It seems like a good guess. One does not stop believing in Paradise by discovering that

existe, ¡menuda sorpresa! Pero he aprendido que si se da todo y no se obtiene nada, tampoco es que vaya a suceder nada de especial gravedad. La vida sigue adelante, con o sin nuestro pesar. Y si la meta es la felicidad, más vale que nos ahorremos esa pasión inútil del sufrir.

(Sin título, de vuelta al continente, enero de 2014)

Hell also exists, what a surprise! But I have learned that if one gives everything and gets nothing in return, it is not as if anything major will happen. Life goes on, with or without our sorrow. And if the goal is happiness, it is better to spare ourselves the useless passion of suffering.

Untitled, back to the continent, January 2014

¿Qué hacemos con todas las cosas que nunca entenderemos?

¿Qué hacemos con todos esos presentes que tomaron rumbo al pasado?

Sin apenas explicación, sin apenas razón suficiente.

¿Qué hacemos con los «nosotros» que podríamos haber sido, con las posibilidades inconmensurables de haber sido cualquiera de ellos, cualquiera de vosotros?

¡Tanto desconocido que podríamos haber descubierto!

Sabemos lo que sabemos sabiendo que ignoramos todo lo demás.

¿Qué otro tanto podríamos haber sabido ignorando lo que ahora conocemos?

Todo lo que pudo ser se agrupa en un pasado. Un solo camino cuyas vueltas, cuyos altibajos no entendemos.

Un solo camino que es nuestro.

Testamento injustificado.

(«II», enero de 2014)

What do we do with all the things we will never understand?
What do we do with all those presents that took the direction of the past?
With hardly any explanation, without hardly sufficient reason.
What do we do with the selves we could have been,
with the immeasurable possibilities of having been any of them,
any of you?
So much unknown that we could have discovered!
We know what we know, knowing that we ignore everything else.
What else could we have known, ignoring what we now know?
All that could have been is grouped in a past.
A single path the turns of which we do not understand, nor its ups and downs.
A single path that is ours.
Unjustified testament.

'II', January 2014

La escena es terrible.

Una hermosura terrible.

Es la última de mis noches en esta casa.

Salgo al patio, todavía no me he puesto el pijama que nunca uso.

Aquí estoy, escucho cómo cae la lluvia sobre el tejado. Desde por la mañana intenta limpiar esta bendita ciudad. Mi último cigarro en medio del patio, tan solo me rodea el humo. Alrededor, las paredes, todas durmiendo. O tal vez también estén rodeadas de sus demonios que, como a mí, les impiden llegar a Morfeo.

Llevo el mejor de mis atuendos. Todo en mí dice elegancia; la americana, el vaquero que mejor enseña mis curvas, el color más sombrío recoge mis pechos. Mi pelo recogido hacia un lado.

Todo en mí quiere decir «sexo» —no encuentro diferencia entre sexo y elegancia—.

La escena es sublime. Si estuviera feliz, lloraría. Ahora sonrío debido a la tristeza.

En la pared que da a mi habitación hay cuadros muy hermosos. Me pierdo en ellos, el cigarro me coloca cual otra droga. Algo bueno tiene no fumar. Yo no fumo.

Tampoco ahora; tan solo es el goce de lo destructivo.

No nos equivoquemos: todo es estética.

Jamás he actuado en función de otro principio.

En otra de las paredes cuelga una pizarrita blanca. Las muchachas que aquí viven escriben en ella todos los días frases. Hasta hoy, me dedicaba tan solo a corregirles los errores gramaticales. Así soy a veces.

Hoy —considero como símbolo— me toca a mí escribir.

Dejo unas cuantas frases.

Casi una despedida.

—Y me quejaba de que sus frases parecían de autoayuda; ¡anda que yo…!—.

The scene is terrible.

A terrible beauty.

It is my last night in this house.

I go out to the patio, I still have not donned the pyjamas I never use.

Here I am, listening to the rain fall on the roof. Since this morning, it has been trying to clean up this blessed city. My last cigarette, in the middle of the patio, I am surrounded only by its smoke. Walls all around, all sleeping. Or perhaps they, too, are surrounded by their demons, which, like mine, prevent them from reaching Morpheus.

I am wearing my best outfit. Everything about me says elegance: the blazer, the jeans that show off my curves, the darkest colour to highlight my breasts. My hair swept to one side.

Everything about me cries out sex.– I cannot tell the difference between sex and elegance. –

The scene is sublime. If I were happy, I would cry. Now I smile with sadness.

On the wall facing my room, there are very beautiful paintings. I lose myself in them, the cigarette getting me high like a different drug. There is something good about not smoking. And I do not smoke.

Not now, either; it is just the enjoyment of destruction. Let's not kid ourselves: everything is aesthetic. I have *never* acted on any other principle.

On another wall, there is a whiteboard. The women who live here write phrases on it every day. Until today, I only corrected their grammatical errors.

(That is how I am sometimes.)

Today, I consider it a symbol to be my turn to write. I leave a few phrases. Almost a farewell.

–And I complained that their phrases sounded like self-help; well, look at me now!–

Los pensamientos que se me van formando son letras que quiero dejar plasmadas después en mi pizarra particular. Pero ahora quiero disfrutar del cigarro, que acabo demasiado pronto.

Me tambaleo, la soledad me pone la piel de gallina.

Vuelvo a la habitación, me miro en el espejo. Me amo, por supuesto que sí. Pero hoy he perdido la partida. La apuesta era grande, las expectativas eran grandes, y honda la caída.

Bueno; profunda la melancolía.

Que dolor, por ciertas cosas, ya no queda.

Y, sin embargo, no puedo dejar de enamorarme de esta escena. Es perfecta en su decadencia. Mañana será un nuevo día y el capítulo habrá concluido. Volveré a sonreír como si nada, volveré a mis apuestas una y otra vez; no me canso de jugar.

La ilusión, las ganas, todo volverá.

Pero hoy, qué maravilloso
el absurdo de la vida.

(Sin título, México, agosto de 2013)

The thoughts forming in my mind are already becoming letters that I want to later write on my personal whiteboard. But for now, I want to enjoy the cigarette that I finish too soon.

I sway, the loneliness is giving me goosebumps.

I go back to the room, and look at myself in the mirror. Of course, I love myself. But today I lost the game. The bet was high, the expectations, higher. The fall, deep. Well, what is profound is melancholy.

There is no pain left for certain things.

And yet, I cannot help but fall in love with this scene. It is perfect in its decadence.

Tomorrow will be a new day, and this chapter will be over. I will smile again as if nothing happened, I will keep betting over and over again; I never get tired of playing.

The thrill, the desire, it will all come back.

But today, how wonderful
the absurdity of life.

Untitled, Mexico, August 2013

La vida es tan cambiante. Nos sentimos siempre los mismos y siempre distintos. Nos ven igual y nos ven otros. El mismo cuerpo, que ahora es joven, y el mismo cuerpo, el que después se vestirá de arrugas y senilidad.

Están las ganas de cambiar el mundo, de ser alguien para el mundo. Un mundo que nos recuerde, lleno de muertos y de vivos. Un mundo cruel y maravilloso a partes iguales e indivisibles. No hay bien y no hay mal y, sin embargo, ambos extremos los sentimos muy adentro, muy profundo. No hay esencia y no hay diferencia.

La sonrisa en la boca en el mismo lugar en el que en otro tiempo hubo una lágrima, donde en otro instante hubo un abrazo. Tiempos que son tiempos.

Un «me conmueve usted, señorita», con los ojos húmedos. Don Arturo Cepeda, que también se escribe con zeta, pero que usted escribe con ce, si yo le contara, don Arturo, que mi ilusión es tan irreal como su escepticismo, que mi juventud es tan solo la máscara de su vejez... Le conmovió mi fe, a mí su ternura. No le mentí en las ganas que tengo, pero le oculté que no sé de qué son las ganas. Yo sé que la corrupción, que la crueldad, que la decadencia, la muerte, todo nos acecha. Usted sabe que yo lo sé, que no era tal la ingenuidad, ni mucho menos la inocencia. Pero le intenté convencer, don Arturo, convencerlo de que creía en las palabras que le dije. Y a quien intentaba convencer era a mí. Por eso mis ojos también lloraron al compás de los suyos. Y me inspiró usted mucho amor en esa mañana loca de niños corriendo, de viejos que no se paraban a saludar, de jóvenes hambrientos de vida, sexo y locura. Yo le dije una frase que una vez me dijeron a mí, y es que, si no se cree cuando se es joven, ¿cuándo si no? Si no luchamos cuando tenemos la fuerza de los años, ¿cómo podremos luchar cuando apenas podamos sujetar el papel entre las manos?

Me conmovió también usted a mí, don Arturo. Esa mañana de domingo en el parque del Retiro no fuimos a retirarnos. Fui-

Life is so changeable. We always feel the same and yet so different. We look the same and yet so differently. The same body that is young now will one day be draped in wrinkles and senility.

The desire to change the world, to be someone for the world. A world which will remember us, filled with the dead and the living. A world that is cruel and wonderful in equal and indivisible parts. There is no good and there is no evil, yet we feel both extremes so deeply inside us. There is no essence, and there is no difference.

A smile where once there was a tear, where once there was an embrace. Time that is times.

'Your words touch me, miss,' with tears in his eyes. Don Arturo Cepeda, which is also spelt with a 'Z', but you spell it with a 'C'. If I told you, Don Arturo, that my excitement is as unreal as your scepticism, that my youth is only the mask of your old age. My faith moved you, and your tenderness moved me. I did not lie about my hopes, but I hid from you that I do not know what those hopes were. I know that corruption, cruelty, decay, death, all of it is lurking around us. You know that I know all of this, that there was no such thing as naivety, much less innocence. But I tried to convince you, Don Arturo, that I believed in my words. And it was myself I was trying to convince. That is why my eyes cried along with yours. And you inspired so much love in me that crazy morning full of children running around, of old people who did not stop to say hello, of young people hungry for life, sex, and madness. I told you a phrase that someone once told me, *if you do not believe when you are young, when will you?* If we do not fight when we have the strength of our young years, how will we fight when we can barely hold the paper in our hands?

You also moved me, Don Arturo. That Sunday morning in Retiro Park, we did not go to retreat. We went to fight and to convince. We went to show that we are young, to show that there

mos a luchar y a convencer. Fuimos a enseñar que somos jóvenes, a enseñar que hay esperanza. Queda esperanza, mi querido señor. Hay personas que creen. Hay personas que hacen, que mueven los pequeños mundos en los que se encuentran. Yo moví un poco su mundo cuando le hice tener que quitarse las gafas y secarse los ojos, sin premeditación ni conciencia. Usted movió un poco el mío y me llenó de alegría.

Ya no importaba a qué había venido a pararle. Ni a usted le importaba ya la conversación primera. Fuimos cercanos, seres que venían de mundos muy dispares, de tiempos límites, de lenguajes intraducibles.

Le prometo recordarle siempre.

A don Arturo, de cuando la vida era activismo (marzo de 2014)

is hope. There is hope, my dear sir. There are people who believe. There are people who act. There are people who move the small worlds in which they find themselves. I moved your world a little when I made you remove your glasses and wipe your eyes without premeditation or awareness. You moved mine a little and filled me with joy.

It no longer mattered why I had stopped you. Nor did the first conversation matter to you anymore. We became close, beings who came from such disparate worlds, from limited times, from untranslatable languages.

I promise to remember you always,

To Don Arturo, when life was activism, March 2014

No me canso de vivir.

Cuánto me excitan tus imperfecciones, tus desvaríos, tus absurdos. Tu desnudez, tu crueldad cuando desde lo alto me tiras, iniquidad también disfrazada cuando desde los abismos me recoges. Cuánta impertinencia. Nos vamos cogiendo confianza, ya sabes qué dicen de la confianza. Pero te voy dejando hacer, batalla tras batalla, sueño, con un deseo infinito de poseerte.

Deseo que es capricho, que es razón de vivir. Deseo que lo es todo. Nada, cuando al fin se alcanza en un grito.

Envuelta tan solo en la música, vida, me perteneces.

Despojada de palabras, en silencio, te pertenezco. Entre suspiros, espasmos, delirios, me arrancas de mi soledad.

Cómo podría negarte esta noche.

De entre todas, tan ricas, tan maravillosas, no te cambiaría por ninguna.

Lo que me das —aun en la más grande desazón, el mayor desasosiego y la demencia pura de querer matarte— es lo que siempre podría querer.

(«Oda a la vida», septiembre de 2013)

I never grow tired of living.

How your imperfections excite me. Your deliriums, your absurdities. Your nudity, your cruelty when you throw me from above, disguised cruelty when you pick me up from the abyss. How impertinent. We are getting familiar with each other; you know what they say about familiarity. But I am letting you do you, battle after battle, I dream, I have an infinite desire to possess you.

A desire that is a whim, a desire that is a reason to live.

A desire that is everything. Nothing, when it is finally reached in a scream.

Wrapped only in music, life, you belong to me.

Stripped of words, in silence, I belong to you. Between sighs, spasms, and deliriums, you pull me out of my loneliness.

How could I deny you tonight?

For all the rich and excellent, I would not trade you for any.

What you give me, even in the greatest discomfort, unease, and pure madness of wanting to kill you, is what I could always want.

'Ode to Life', September 2013

Y cuando todos se van, te pasas la vida buscando personas, encontrando conversaciones dispares, tantas como mundos, como vidas hay. Todos regalan algo, todos se llevan algo. Pero llega siempre la noche, todos se despiden, uno por uno, se van a su encuentro con sus soledades. Te quedas también tú con tu soledad, tras perseguirte durante el día, aquí estamos, estáis de nuevo. Y empiezas a contárselo a ella, la más fiel compañía. Y le relatas todo lo que el día te ha traído; a veces pasan semanas enteras sin tiempo para hablaros. También son así las viejas amistades, en las que pasan años, los caminos se han separado y las vivencias que os unen son siempre las vividas cada una por su lado.

Vivimos en el tiempo, y esto lo han dicho tantos cuanto han vivido a lo largo de los siglos. Vivimos en el tiempo y este que nos ha tocado se acaba. Todo llega a su fin. Queda la sonrisa por lo pasado. Siempre permanece la nostalgia, y de ella hablas con tu soledad.

Le cuentas que ya no queda nada, pero que dentro de esa nada, ha habido mucho. Hay tantas anécdotas para los nietos que nunca llegarán… A ellos les dirías que se fíen, que confíen en el mundo. Que hay mucho mal, pero que hay más cantidad de bien que de mal. Que depende de la suerte, pero que hay que creer en la suerte, hay que fabricarse la suerte con las manos, también con la mente. Hay que estar dispuesto. Dispuesto a vivir.

Y vendrán malos tiempos. Y pasarán. Lo importante es disfrutarlos, también los malos tiempos. Todo deja huella, pero todo cicatriza. Y tiene gracia empezar a contar por qué esta marca está aquí, en la mano, por qué esta otra se encuentra en la frente, esta otra debajo del labio, esta en el pie y aquella en el alma. La risa triunfa. Hay que confiar en ella.

Porque aun cuando todos se van, te quedas con sus risas. Y te ríes, ahora, en mitad de la noche, ríes mucho y luego solo sonríes. Y después se limpian las lágrimas lamiéndonos las mejillas.

(Sin título, abril de 2014)

2015 – 2018 PHOENIX

Sometimes it is not so easy to start again, to write a new page after tearing almost half the notebook. Even if we only need to tear out one page, the notebook we just started writing on no longer looks nice. Something is missing, and if we decide to keep the page full of crossed-out words, of writing done in the early morning, stained with coffee or tequila, or tears... it may not look pretty,
but it is a reminder of what we lived through.

It could be that in the past, we believed the lies we were told . It could be that we even listened to our excitement killers. In the face of the strength of our vitality, someone came to hack it away, deadly fearing the light that our desires emanated. Some fear and envy such intensity. Some cannot bear to look at it, unable, as they are, to feel it.

It is possible, let's concede it such condition, that we stopped doing things because of our executioners. Or, at least, that we postponed doing them. Perhaps we could be somewhere else had it not been for the influence of such destructive power. Had we not believed that the truth is the standard for everyone. Or maybe it was our fear of emotions we did not understand, and the violence that triggered us to move, to keep dreaming, always

2015 – 2018 PHOENIX

Sometimes it is not so easy to start again, to write a new page after tearing almost half the notebook. Even if we only need to tear out one page, the notebook we just started writing on no longer looks nice. Something is missing, and if we decide to keep the page full of crossed-out words, of writing done in the early morning, stained with coffee or tequila, or tears... it may not look pretty,
but it is a reminder of what we lived through.

It could be that in the past, we believed the lies we were told . It could be that we even listened to our excitement killers. In the face of the strength of our vitality, someone came to hack it away, deadly fearing the light that our desires emanated. Some fear and envy such intensity. Some cannot bear to look at it, unable, as they are, to feel it.

It is possible, let's concede it such condition, that we stopped doing things because of our executioners. Or, at least, that we postponed doing them. Perhaps we could be somewhere else had it not been for the influence of such destructive power. Had we not believed that the truth is the standard for everyone. Or maybe it was our fear of emotions we did not understand, and the violence that triggered us to move, to keep dreaming, always

a continuar siempre soñando y soñando, luchando, haciendo realidad los sueños. Quizá creímos a nuestros carniceros porque no éramos capaces de creer que lo que teníamos adentro era real y no nos dejamos llevar por ello hasta las últimas consecuencias. Intentamos apagar el fuego que nos abrasaba como pudimos. Quizá nos venía grande y nos enseñaron que éramos pequeños.

Todo tiene la misma condición plausible. Sin embargo, hay algunas cosas que hemos aprendido a lo largo del tiempo, como que ya iba siendo hora de dejar de vivir continuamente sin llevarse algo de aprendizaje también de lo experimentado. Y ya no creemos nada de lo que nos cuentan quienes vienen a aniquilar nuestras ilusiones. No hay peor asesino que aquel que no soporta una sonrisa. No hay mayor enemigo de la vida y mayor necrófilo que aquel que odia la risa e intenta aniquilarla. No hay peores personas que esas. He ahí la definición de bajeza moral. Y vital.

Pero ya no pueden vendernos sus miserias. Sabemos quiénes somos, y que lo que nos recorre más acá de la piel es inmenso. Sabemos que queremos dejar libre todo lo que podemos llegar a ser y queremos convertirnos en aquello que nuestra alma anhela, porque seguimos creyendo en el alma, volvemos a creer en ella. Porque ya hemos vivido la decadencia y nuestra destrucción, y conocemos nuestro infierno.

Y ya no nos vamos a, ya no podemos, ya no sabemos conformarnos con menos que lo mejor que podemos ser. Digan lo que digan, sea quien sea el que intente desgastarnos o procure clavarnos puñaladas sin previo aviso: ni nuestro Dios podrá quitarnos de nuestro camino.

Menos aún unos pobres diablos.

Y vamos a lograrlo. Aunque nos vaya la vida en ello.

(«04», abril de 2015)

2015-2018. FÉNIX

> A veces no es tan fácil volver a empezar, escribir una nueva página después de haber arrancado casi media libreta. Aun cuando solo hay que arrancar una página, ya no queda bonito en el cuaderno que acabamos de estrenar. Algo falta; y si nos diera por guardar la hoja llena de tachones, de letras escritas de madrugada, de manchas de café o tequila o lágrimas...
> No queda bonito, pero queda lo vivido.

Podría ser que en el pasado nos creyéramos las mentiras que nos contaron. Podría darse que incluso hiciéramos caso a nuestros asesinos de ilusiones. Que ante la fuerza de nuestra vitalidad, viniera alguien a arrancarla de un hachazo, mortífero miedo a la luz que emanaban nuestras ganas. Hay quien teme y hay quien envidia tal intensidad. Los hay que no soportan ni mirarla, incapaces, como son, de sentirla.

Quizá —vamos a darle la condición de posibilidad—, dejáramos de hacer cosas *gracias* a nuestros verdugos. O puede que, como mínimo, las pospusiéramos. Tal vez, podríamos estar en otro lugar si no hubiese sido por tanto poder destructivo. Si no nos hubiésemos creído que la verdad es bandera de todas las personas. O no, quizá solo fue nuestro miedo a emociones que no entendíamos y a la violencia que nos impelía a movernos, a seguir,

dreaming, fighting, and making dreams come true. Maybe we believed our butchers because we could not believe what we had inside was real, nor let ourselves be carried away by it to the very end. We tried to extinguish the fire that burned us as best as we could. Maybe it was too much for us, and they taught us we were too small.

Everything has the same plausible condition. However, there are some things we have learned over time. It was about time to stop living continuously without taking some learning from our experiences. And we no longer believe in anything those who come to massacre our hopes tell us. There is no worse killer than the one who cannot bear a smile. There is no greater enemy of life and greater necrophile than the one who hates laughter and tries to annihilate it. There are no worse people than them. There lies the definition of moral and vital decline.

But they can no longer sell us their miseries. We know who we are, and what runs through us beneath the skin is immense. We know that we want to free ourselves to what we can become, and we want to become what our soul longs for. Because we still believe in the soul; because we believe in it again. Because we have already lived through our decline and destruction, and we know our hell.

And we are not going to settle for less than the best we can be, we cannot, we do not know how to. Whatever they say; whoever tries to wear us down and stab us without warning: not even our God could take us off our path.

The least of all, some wretched souls.

We will achieve it. We will give our lives for it.

'4th', April 2015

Aprender a hacerse a una misma a partir de la dependencia completa y, hasta bien poco, también ignorada, de una madre cuyo potencial quedó completamente destruido por otra madre, la suya. Esa primera matriarca enseñó a su hija que su valor era nulo —a través de incoherencias, autoritarismo, altibajos *in extremis*, humillación y degradación moral y física, que después pasaba a idolatría; sentimientos, repitamos, extremos, sufrimiento, dolor. Y de nada vale lo que hace esta madre, segunda matriarca, pues antes de llegar a buen puerto, hunde el barco en las cinco últimas millas. Y emprender, emprendería, y podría empezar a hacer muchas cosas. Y las comienza. El potencial artístico y emocional, la bondad, la generosidad y la inteligencia la podrían haber llevado quién sabe qué lejos. Quiso ser *alguien*, pero se empeña en dejar de serlo cada vez que está en camino de convertirse en la persona que podría haber sido. Así, el campo de experiencia se reduce al sufrimiento y a la aniquilación de la personalidad de cuantas personas ama, como destruyeron la suya; experta en hacerse las mayores ilusiones del mundo por dos segundos y después la nada y el insomnio de todas las noches y el llanto de todos los días y la desgracia, y ese sentir que la vida se está yendo y no se ha conseguido nada. Y cada día pasa igual que el anterior.

Y lo que aprenderás, habrás de enseñar; porque no sabrás otra cosa. Aunque lo aborrezcas, incluso si detestas a quien te lo ha enseñado y deseas ser lo contrario y crees, de hecho, que lo eres. Así las generaciones se suman, y se suma la maldición en la sangre; así los gritos de desesperación y la degradación constante, el silencio y sus ganas de matarte, cuanto más intenso es el dolor. Cuánto daño se hace a quien se quiere, es incomparable al sufrimiento que se lleva dentro.

Y el verbo se hizo carne, y todas las palabras designaron lo que después se acabaría cumpliendo. No hay nada tan poderoso como la palabra, no importa el potencial, no importa con cuánta inteligencia se cuenta de serie. Descuidarse de la importancia de cuántas

Learning to become oneself from an – until recently – ignored, yet complete dependence on a mother, whose potential was destroyed by another mother, her own. That first matriarch taught her daughter that her worth was null – through incoherence, authoritarianism, extreme ups and downs, humiliation, and moral and physical degradation, which turned into idolatry; extreme feelings, suffering, and pain. And what this mother does is worthless because before reaching the end, she sinks the ship in the last five miles. And she could have embarked on and accomplished so many things. She starts them. Her artistic and emotional potential, kindness, generosity, and intelligence could have taken her who knows how far. She wanted to be *someone* yet insists on ceasing to be whenever she is on the verge of becoming the person she could have beeen. Thus, the field of experience is reduced to suffering and the annihilation of the psyche of all the people she loves, as they destroyed hers; an expert in daydreaming for two seconds, and then nothingness and insomnia every night and the crying every day and the misfortune and the feeling that life is slipping away and nothing has been achieved. And every day passes just like the last.

And what you will learn, you shall teach; because you will not know anything else, even if you hate it. Even if you hate who taught it to you and want to be the opposite, and believe you are, indeed, the opposite. Thus, generations add up, and the curse adds up in the blood; thus, the screams of despair and constant degradation, the silence and its desire to kill you, the more intense the pain is. How much harm we do to those we love is incomparable to the suffering carried within.

And the Word became Flesh, and all the words designated what would later be fulfilled. There is nothing as powerful as the word, no matter the potential, no matter the intelligence. Neglecting the importance of how many words we have believed, regardless of their truthfulness, is to condemn oneself without

palabras nos hemos creído, independientemente de su verdad, es condenarse sin remedio. Repite mil veces una mentira y la convertirás en verdad. Así, se acabaron cumpliendo sus mandatos y se cayó en la estupidez, la traición, la soberbia, la falta de pilares y de sentimientos y en la decadencia, en fin, física, intelectual y moral.

Lucha después para deshacerte de todas las mentiras, de las maldiciones, de los falsos juicios y de las falsas predicciones. Deshaz todo el camino andado y cae en la cuenta de que este no era tu camino. Coge la vida y háztela. Fabrícatela a tu medida y conforme lo que mereces. Dejar de ser menos de lo que se puede ser es la única tarea religiosa que vale la pena emprender: creer en una misma. Y entonces, crearse a una misma. Sabiendo que el nuevo camino no empieza con una *tabula rasa*, sino que los demonios y los fantasmas recién apartados han de volver siempre. Y se les ha de matar cada una de las veces que vuelvan, o todo el proceso puede ser en vano.

(«No repetirás tu pasado», junio de 2015)

remedy. Repeat a lie a thousand times, and it will become truth. Thus, their commands were fulfilled, and stupidity, betrayal, arrogance, lack of pillars and feelings, and finally, physical, intellectual, and moral decay ensued.

Fight afterwards to get rid of all the lies, to get rid of the curses, to get rid of the false judgments and false predictions. Undo all the paths taken and realise that this was not your path. Take life and make it yours. Make it yours according to what you deserve. To stop being less than what you can be is the only religious task worth undertaking: believe in yourself. And then, create yourself. Knowing that the new path does not start with a blank slate but that the demons and ghosts recently removed shall always return. And they must be killed every time they return, or the whole process shall be in vain.

'You shall not repeat your past', June 2015

Este exilio, que desconoce por completo cuál sería el hogar perdido, y dejando por completo de lado las desgracias del mundo, trae consigo uno de los momentos más llenos y placenteros de los que se haya podido disfrutar hasta la fecha: trae la esperanza del futuro, trae, por vez primera, estabilidad, trae por vez primera otro tipo de libertad que ya no es hija del caos. Y es necesario que de vez en cuando se experimente el orden, que de vez en cuando se sepa dónde se estará mañana. Por merced. Por todas las personas que jamás experimentarán tal estado. Porque no sirve aumentar el sufrimiento de esta tierra doliente. Sin olvidar nunca el azar del que todo es fruto. Y sin caer en el egoísmo de la suerte en la que nos ha tocado nacer. Porque no se puede ayudar al otro cuando una misma está rota.

Y este exilio es el primero que cura. Sheffield fue el comienzo del rompimiento. México fue la explosión total de las emociones. La vuelta a Europa fue forzosa; casi asusta pensar en volver a las tierras del sur. Hoy, tres meses en la isla de la lluvia y el frío, todo anda en orden. Hay sol y las gotas de lluvia apenas han hecho presencia. Es posible recordar antiguos amores sin que se desestabilice el sistema por entero. Tan solo las manos tiemblan. Tan solo el corazón late un poco más fuerte.

(Sin título, exilio en la isla, septiembre de 2015)

[...] This exile, which completely disregards where the lost home could be, and completely ignores the misfortunes of the world, brings with it one of the most whole and most pleasant moments that have ever been enjoyed to date: it brings hope for the future; it brings, for the first time, stability; it brings for the first time, another type of freedom that is no longer born of chaos.

It is necessary, occasionally, to experience order, it is necessary, occasionally, to know where one will be tomorrow. For mercy. For all the people who will never experience such a state. Because it is useless to increase the suffering of this grieving land, yet never forgetting it was chance that brought us all here. Never falling into the selfishness of feeling proud of the luck with which we were born.

Because one cannot help the Other when one is broken oneself.

And this exile is the first that heals. Sheffield was the beginning of the breakdown. Mexico was a total explosion of emotions. The return to Europe was forced; it is almost frightening to think of returning to the lands of the South. Today, after three months on the island of rain and cold, everything is in order. There is sun, and the raindrops have barely been present. It is possible to remember past loves without destabilising the whole system. Only the hands tremble. Only our heart beats a little faster.

Untitled, exile on the island, September 2015

1

Se fue el amor.

Es tiempo de cambio.

Es tiempo de volver a quienes son los pilares de nuestro entendimiento del amor. Hay quienes nos enseñaron que el amor es libre; ante todo, libre. El amor es honestidad y es cuidado del otro. Hace mucho tiempo nos enseñaron a ir más allá de normas, egos y cadenas. Es hora de ir poniéndolo en práctica.

El amor es una palabra amable, un gesto de cariño cuando nos mostramos desnudos y vulnerables. Es apertura a la intensidad de las emociones, sin contar con que un día la falta de esa persona vaya a provocarnos daño. El amor no es cobarde, no tiene miedo a mostrarse. No usa juegos ni manipulaciones. El amor, ante todo, libera. Ofrece a la persona amada la libertad de ser quien quiere ser.

El amor que se da no es nunca en vano ni un despropósito ni una pérdida de tiempo. Dar amor hace bien principalmente a quien lo da, más allá del bien que haga a quien lo recibe.

Hay quienes amamos al amor por la belleza y el calor que el sentimiento nos produce. Se ofrece sin condiciones, en su totalidad. Sin peros. Sin marchas atrás, sin frenos, sobre todo, sin frenos. El tiempo de la vida es limitado y hemos venido aquí a sentir, a estar vivos, a recibir todo lo que la vida quiera darnos. No hay tiempo para el cinismo, para vivir con miedo, para vivir con frenos. No hay tiempo para no amar con todo el ser, con toda la inocencia, la honestidad, la pasión y con plena intensidad.

La práctica no es fácil. Nos limitan numerosas cosas, el qué dirán, esa sociedad idiota marcando reglas a las personas sobre cómo comportarse, cómo controlarse o cómo sentir. Nos limitan esas construcciones sociales de los celos, las inseguridades, esas masculinidades tan frágiles y esas feminidades tan posesivas; el orgullo que supuestamente hemos de tener, que tan bien disfrazamos de dignidad; el honor, el «yo soy especial». Esa línea tan fina

1.

Love is gone.

It is time for a change.

It is time to return to those who are the pillars of our understanding of love. Some taught us that love is free, above all else, free. Love is honesty and caring for the Other. Long ago, we were taught to go beyond norms, egos, and chains. It is time to start putting this into practice.

Love is a kind word, a gesture of affection when we show ourselves naked and vulnerable. It is openness to the intensity of emotions without considering that, one day, the lack of that person will harm us. Love is not a coward, it is not afraid to show itself. It does not use games or manipulations. Love, above all, liberates. It offers the loved one the freedom to be who they want to be.

The love given is never in vain, nor is it pointless or a waste of time. Giving love does good primarily to the one who gives it, beyond the good it does to the one who receives it.

Some of us love love for the beauty and warmth that it makes us feel. It is offered unconditionally and in its entirety. Without *ifs*, *ands*, or *buts*. Without going back. Without brakes, above all, without brakes. The time of life is limited, and we have come here to feel, to be alive, to receive everything that life wants to give us. There is no time for cynicism, for living in fear, for living with restraints. There is no time not to love with all our being, with all our innocence, honesty, passion, and intensity.

Practice is not easy. So many things limit us, what people will say, that idiotic society marking rules for people on how to behave, how to control themselves, how to feel. Those social constructions of jealousy, insecurities, those fragile masculinities and possessive femininities, the pride we are supposed to have, that we disguise so well as 'dignity', honour, being 'special'. That fine line that separates the openness to forgive from

que separa estar dispuesto a perdonar del riesgo a ser usado. Hay tanta suciedad que nos corroe el espíritu.

Querer ser libre en un lugar así es casi condenarse a la soledad, justo en un mundo donde la soledad es vista como fracaso, no como elección.

Entonces, decía, volver a los pilares. Recordar las enseñanzas de esos pocos que hemos conocido que viven libres. Y aun así, de vez en cuando, cuestionarlos. No saber muy bien si realmente viven libres o si están usándose. Si es auténtico el sentimiento o si son psicópatas: fina línea entre unos y otros cuando no hay garantía alguna de que lo que se dice es lo que se siente y se piensa. Al final, todo podría ser una gran mentira. Y nada más.

2

Los dejamos hablar porque en ellos creemos; porque, seamos psicópatas o no, lo que hay en este lado, más acá de la piel, es puro y salvaje sentimiento. Nos recuerdan que nuestra experiencia puede mantenernos a flote, incluso cuando el amor se ha ido, porque se ha amado plenamente. El amor vendrá de vuelta, en distintas formas y dimensiones. Hay que buscar lo que se necesita.

Y tienen razón: se encuentran, más pronto que tarde, seres cándidos que se ofrecen a cuidarnos aun en tiempos de penuria. El mundo sigue girando.

(«De amor, de amores», octubre de 2017)

the risk of being used by the Other. There is so much dirt that corrodes our spirit.

To want to be free in such a world is almost to condemn oneself to loneliness, in a world where loneliness is seen as a failure, not a choice.

So, as I was saying, go back to the pillars. Remember the teachings of those few that we have known who live free. And even then, question them from time to time. Not knowing very well if they live free or are being used, too. If the feeling is authentic or if they are psychopaths: fine line between the two, when there is no guarantee that what is said is what is felt and thought. In the end, everything could be a big lie. And nothing else.

2.

We let them speak because we believe in them; whether we are psychopaths or not, what is on this side of the skin is a pure and wild feeling. They remind us that our experience can keep us afloat even when love is gone because we have loved, entirely. Love will come back in different forms and dimensions. We need to look for what we need.

And they are right: sooner rather than later, innocent beings are found, who offer to care for us even in times of hardship. The world keeps turning.

'Of love, of loves', October 2017

Qué triste es dejar de amar a quien amábamos amar.

La vida está hecha de ciclos. Una cree que una experiencia es nueva e independiente de cualquier otra y, curiosamente, el tiempo pasa, esa experiencia termina y una se encuentra en el mismo lugar de nuevo, ahora desde una perspectiva diferente. Llegamos a vivir todos los aspectos de un problema. Llegamos a ser parte de la solución y llegamos a ser parte de su miseria.

De hecho, no hay sentido alguno de la vida. Entendí esto, al fin. Lo sabía de antes, pero ahora lo entiendo. No había sentido en mi dolor, al igual que no lo había en mi amor. Solo hay momentos: de felicidad, de desesperación, de amor y de todo aquello que hacemos entre momento y momento hasta que nuestros cuerpos deciden morir. Pero ninguna de nuestras acciones tiene un significado profundo y trascendental. Es solo algo que hacer con el tiempo que tenemos. Así, las pérdidas y la crueldad parecen menos dolorosas: las personas van y vienen, y eso no tiene nada que ver con la justicia o «el sentido de la vida». Simplemente, vienen y se van. Dicen y hacen cosas como podrían no haberlas hecho ni dicho. Y eso es, más o menos, todo. Si algo de lo que sucedió nos trajo alegría, razón extra para celebrar. Si no lo hizo, bueno, simplemente no lo hizo; no hay que tomárselo como personal. Nadie nos debe felicidad.

(«Textos entrelazados», junio-julio de 2018)

How sad it is to stop loving the one we once loved to love.

Life is made up of cycles. One believes that any experience is new and independent of any other one, and curiously, as time passes, that experience ends, and one finds oneself in the same place again, looking out from a different perspective. We come to experience all the aspects of a problem. We become part of the solution, and we become part of its misery.

In fact, there is no sense to life. That, I understood, finally. I knew it before, but now I understand it. There was no meaning in my pain, just as there was no meaning in my love. There are only moments: moments of happiness, despair, love, and everything we do between those moments until our bodies decide to die. But none of our actions has a profound and transcendent meaning. It is just something to do with the time we have. Thus, losses and cruelty seem less painful: people come and go, which has nothing to do with justice or the meaning of life. They simply come and go. They may say and do things, as they may not say or do them. And that is more or less it. If something that happened brought us joy, all the more to celebrate. If it did not, well, it just did not; there is no need to take it personally. No one owes us happiness.

'Interwoven texts', June-July 2018

Una vez me reprocharon que mi amor al conocimiento era impuro. Que no amaba el conocimiento en cuanto tal, sino por las personas que me lo habían descubierto. Que amaba a las personas, no a la sabiduría, habrase visto, menudo despropósito. ¡Impura! No supe qué decir. Ahora sé que si es este mi peor pecado, firmo hoy mismo la sentencia. Qué bella mi culpa. Qué feliz me hace tener semejante vicio.

(Sin título, agosto de 2017)

Once, I was reproached for having an impure love for knowledge. That I did not love knowledge for its own sake but for the people who had revealed it to me. That I loved people, not wisdom, what a nonsense! 'Impure!' I did not know what to say. I know now that if this is my worst sin, I will sign the sentence. How beautiful my guilt is. How happy it makes me to have such a vice.

Untitled, August 2017

Si fuese a amar a una mujer, sería un amor tranquilo. Viajaríamos por el mundo cámara en mano mientras la fotografiaba observando paisajes por vez primera.

Tomaríamos el té en nuestro pequeño y acogedor hogar escuchando a El Cigala, cuyas canciones cantaría. Nuestra casa estaría llena de libros, música, chocolate y vino. Bailaríamos, bailaríamos muy pegados.

Conocería cada milímetro de su cuerpo, algo que le gusta, que odia y que la hace estremecer, ¿dónde están sus cosquillas? Conocería su ser y admiraría su desnudez como la pintura más hermosa que mis ojos hubieran visto jamás. Sabría que una o dos pequeñas muertes son solo el comienzo del acto. Ella sabría que estoy eternamente enamorada de su cuerpo, pero es su mente la que me vuelve loca.

Tendríamos conversaciones profundas, intelectuales, tontas y divertidas. Nos reiríamos hasta que nos doliera el maxilar. La apoyaría en cualquiera que fuera su trabajo, animándola siempre para que siguiera aprendiendo, dándole la libertad de ir y explorar todo lo que sea capaz. Solo para estar allí a su regreso, inquieta, cansada, cuando solo necesite un abrazo y compañía. La mía.

Si tuviera que amar a una mujer, siempre sería su apoyo en este mundo lleno de misoginia, racismo, homofobia, aporofobia, clasismo, capitalismo patético y muchos otros ismos. Desarmada ante tanta discriminación, le recordaría que ella siempre será mi igual, que nunca será juzgada, cualquiera que sea el arrepentimiento que tenga. Su libertad y nuestra sororidad siempre estarían primero, por delante de mi orgullo.

Mens sana in corpore sano, mente y cuerpo son igualmente importantes en nuestro desarrollo como personas; siguiendo este principio, siempre desarrollaríamos nuestro ser en todos sus aspectos. Caminaríamos por las ciudades, conquistando el espacio público, en nuestro camino hacia la próxima obra de teatro, en

If I were to love a woman, it would be a peaceful love.

We would travel the world with a camera in hand while I took pictures of her seeing landscapes for the first time. We would have tea in our small and cosy home while listening to El Cigala; I would sing to her. Our home would be filled with books, music, chocolate and wine. We would dance, we would dance very closely.

I would know every millimetre of her body, what she would like, what she would hate, what would make her shiver, and where her ticklish spots would be. I would know her essence and admire her nakedness like the most beautiful painting my eyes had ever seen. I would know that one or two *petites morts* are just the beginning of the act. She would know that I am eternally in love with her body, but it is her mind that drives me crazy.

We would have profound, intellectual, silly, and fun conversations. We would laugh until our bellies hurt. I would support her in whatever work she may do, constantly pushing her to keep learning and giving her the freedom to go and explore all that she may be capable of. Just to be there when she returns, restless, tired, and just needs a hug and company. Mine.

If I had to love a woman, I would always be her support in this world full of misogyny, racism, homophobia, poverty, classism, pathetic capitalism, and many other *–isms*. Disarmed by so much discrimination, I would remind her that she will always be my equal, that she will never be judged, no matter what regret she has. Her freedom and our sisterhood would always come before my pride.

Mens sana in corpore sano, mind and body are equally important in our development as human beings; following this principle, we would always develop ourselves in all aspects. We would walk through cities, conquering public spaces, on our way to the next play, on our way to the conference she would talk at, on our way to the airport.

nuestro camino hacia la conferencia que ella daría, en nuestro camino hacia el aeropuerto.

Mi amor siempre vendría del cuidado femenino de una misma, desafiando las nociones masculinas de respeto, lealtad y honor. Tomaríamos lo mejor de ambos papeles tradicionales de género y nos relacionaríamos de un ser humano a otro.

La cuidaría sin ser condescendiente, como a veces necesitamos que alguien nos cuide de la forma en que solo nuestros padres saben hacerlo. Su fortaleza sería aún mayor sabiendo que puede mostrar libremente su vulnerabilidad y sentirse débil cada vez que lo sienta.

Escucharía sus sueños y deseos, sus miedos y sus pesadillas. Todo estará bien, siempre lo sabremos. La vida es vida, nada más y nada menos que eso. Ella siempre me tendría a mí y siempre tendría su libertad. Nunca la enjaularía. Sabría que puede amar a quien quiera, ir a donde quiera y hacer todo lo que necesite. El mundo está a sus pies. Al final del día, estaría en casa para ella. Si tuviera que amar a una mujer…, ¡hay tanta vida que compartiría con ella! La vida entera, hasta mi último aliento.

(«Si fuese a amar a una mujer», diciembre de 2017)

My love would always come from the feminine care of oneself, challenging masculine notions of respect, loyalty, and honour. We would take the best of both traditional gender roles and relate to each other as human beings. I would care for her without being condescending, as sometimes we need someone to care for us in the way only our parents know. Her strength would be even greater knowing that she can freely show her vulnerability and feel feeble whenever she would need it.

I would listen to her, to her dreams and desires, to her fears and nightmares. Everything will be okay; we will always know that. Life is life, nothing more, nothing less.

She would always have me and would always have her freedom. I would never cage her. She would know that she can love whomever she wants, go wherever she wants, and do whatever she wants. The world would be at her feet. At the end of the day, I would be home for her.

If I were to love a woman… there is so much life I would share with her. The entire life, until my last breath.

'If I were to love a woman', December 2017

¿Dónde encontrar la estabilidad en un período de constante cambio, que no promete nada cercano a la normalidad en demasiados días por llegar? Estas fechas son terribles. Familia es una palabra malsana. Familia es ese lugar de soledad y desolación, cubierto por sacrificios que nunca fueron pedidos. Sacrificios que ahora, en cambio, requieren tener su inversión de vuelta, un empeño que implica no solo la falta de permiso de ser un ser fallido, la petición de tener que ser alguien, sino también pasar tiempo en familia. Tiempo de volver atrás a un pasado que ya nunca volverá, a una felicidad compartida que ahora es siempre triste, las mismas actitudes, idénticas acciones, palabras que se repiten y de las que hace tiempo se huyó. Prácticas denostadas que ahora, tantos años después, delatan al ojo inquisidor. Cuántos traumas esconden, cuándo miedo, cuánta soledad, cuánta devastación. Problemas, quejas perennes que solamente existen en este contexto, desasosiego que solo vuelve en estas fechas que todo el mundo quiere pasar en familia, poblada, rebosante de amor y alegría; copiosas las comidas que se enlazan unas con otras, el vino que embriaga e invita a la conversación y el baile.

Ese concepto de familia dejó de existir hace mucho más de una década. Los abuelos envejecen y mueren, los padres envejecen y se pierden en sus soledades y sus sacrificios. Si bien, por norma general, se acepta esta situación como ley de vida y de sus injusticias, hay años en los que es más difícil soportarla. En años como este, cuando se necesita volver a un hogar tras largos meses deambulando por el mundo a pecho descubierto, se vuelve un poco más abrupto no poder encontrarlo. Se encuentra un sentimiento de ser apátrida por más que se comparta el mismo techo, desconocido y frío.

¿Cómo, entonces, encontrar la estabilidad, si esta no puede ser ofrecida por nuestros consanguíneos? Tras meses de vaivenes y cambios, tras la vuelta a un lugar donde ha cambiado todo y todo sigue igual, sin serlo. Ahora que se siente el peso de lo

Where to find stability in a period of constant change, which promises nothing close to normality for too many days in a row? These dates are terrible. *Family* is an unhealthy word. Family is that place of solitude and desolation, engulfed by sacrifices that were never requested. Sacrifices that now, however, claim back their investment. An investment that means not only the lack of permission to be a flawed being, along the demand to be *someone*, but also the request to spend time with the family. A time when one goes back to a past that will never return, to a shared happiness that is now always blue, the same practices, actions and words repeating over and over again, all of which one left behind long ago. Denigrated practices that now, so many years later, reveal to the inquisitive eye how many traumas they hide, how much fear, loneliness, and devastation. Problems, perennial complaints that only exist in this context, a restlessness that only returns on these marked occasions that everyone wants to spend in family. A wealthy family overflowing with love and joy, copious meals that blur the limits with the next one, and wine that intoxicates and invites conversation and dance.

That concept of family ceased to exist more than a decade ago. Grandparents age and die, parents age and become lost in their solitude and sacrifices. Although, as a general rule, this situation is accepted as the law of life and its injustices, there are years when it is harder to bear. In such years, when one needs to return home after long months of wandering the world bare-chested, it becomes a little more abrupt not to be able to find it – a home. One feels like a stateless person even though living under the same roof as their family, yet this is an unknown and cold roof.

How, then, to find stability if our akin cannot offer it? After months of ups and downs, after returning to a place where everything has changed yet remains the same; but it is not. Now that one feels the weight of the unknown, of the loneliness that is to come, of the search once again for whom one

desconocido, de la soledad que viene, de la búsqueda, una vez más, de quien se quiere ser, de adónde se quiere ir, ahora que la libertad es plena. Ahora que todo ello abruma, niebla los sentidos y quieren escaparse. No hay escapatoria en los cigarrillos, el alcohol o el sexo en presencia tan cercana de la familia. Aunque, curiosamente, Tinder rebosa de *matches* en esta ciudad. Serán las fechas.

Hay un libro, tan solo eso. Un libro que simboliza muchas cosas y que es devorado a la vez que se tiene miedo atroz a llegar a su fin; porque entonces, ¿qué? Este libro habla de la búsqueda de la identidad, perdida allá en Sudáfrica, habla sobre su autor más de lo que él quisiera. Es un libro escrito por alguien a quien no se conoce, pero cuya imagen en pantalla ha atraído a su lectora desde el momento primero en el que ese otro me estaba enseñando un documental que estaba preparando sobre un país del sur asiático. Ahí estaba él, el periodista, haciendo su papel. Ni siquiera sabía su nombre, era la primera vez que sabía de su existencia. Horas después, ya en mi casa, haría la búsqueda de rigor en Google y encontraría toda la información necesaria para olvidarlo. —Ya tiene una «vida»—. Sin embargo, saber que escribió un libro, saber su conexión con ese otro él, el único que dolió, hizo que quisiera leerlo. De alguna forma, que no tiene lógica sencilla, mi corazón seguiría en contacto así con ambos. Y también ese libro que habla de historias tan lejanas a mi geografía, de lugares desconocidos y, sin embargo, tan queridos y ansiados, ese libro, digo, me ofrecería esa normalidad que tanto necesito.

(Recuerdo ese burdo y aburrido entrenamiento en cómo actuar en caso de terremoto, el mayor riesgo en Estambul).

Pensad en cuando habríais de escapar, quiero que penséis en qué es lo que os llevarías, qué es lo que, subrayo, necesitáis. Alguien dijo una vez que se llevaría un jersey de su infancia. [Hay risas en la sala]. Pero no, no os riais. En situaciones de alto trauma como estas, uno necesita llevarse lo que le hace sentir bien, lo que

wants to be, where one wants to go, now, that freedom is complete. Now that all of this overwhelms, clouds the senses and wants to escape – there is no escape in cigarettes, alcohol, or sex in the close presence of the family. Although curiously, Tinder is overflowing with matches in this city. Maybe it is the holidays.

There is a book, *only* that. A book that symbolises so much and is devoured as one is terrified of reaching its end; because then, what? This book that talks about the search for identity, lost there in South Africa; that talks more about its author than they would like. A book written by someone I did not know. Still, whose image on the screen attracted me, its reader, from the very moment that another person was showing me a documentary they were preparing about a country in Southeast Asia. There he was, the journalist doing his job. I did not even know his name; it was the first time I had heard of his existence. Hours later, already at home, I would search on Google and find all the information needed to forget about him – he already had a *life*. However, knowing that he wrote a book, knowing his connection to the Other, the only one that hurt, made me want to read it. Somehow, this way, in a way that has no simple logic, my heart would continue to stay in contact with both of them. Moreover, that book that speaks of stories so distant from my geography, of unknown places and yet so beloved and yearned for, that book, I say, would offer me that normalcy that I so badly need.

(I remember that crude and boring training on how to act in case of an earthquake, the most significant risk in Istanbul.)

Think about when you would have to escape; I want you to think about what you would take, what you would need. Someone once said they would take a sweater from their childhood. There is laughter in the room. But no, do not laugh. In highly traumatic situations like these, everyone needs to take with them whatever makes them feel good, whatever returns stability to

le devuelve la estabilidad y le recuerda lo conocido, un sentido de lo común, de lo normal.

(«Feliz Navidad, cuentos de Estambul», diciembre de 2017)

them and reminds them of the familiar, a sense of commonality, of normality.

'Merry Christmas, Tales from Istanbul', December 2017

Ese instante en el que estás rodeado de la única compañía que deseas, disfrutando de la mejor conversación —permitimos el superlativo porque por dentro la emoción nos quema, para darte cuenta de que todo pronto terminará. La manecilla del reloj no se detiene—. Ese instante. ¿Puedes sentirlo?

¿Cómo se podría volver a la habitación una vez que ese pensamiento se instala? El momento más conspicuo se ve amenazado con su ruina cuando un escalofrío húmedo nos recuerda que la felicidad es solo esta pequeña acumulación de momentos con un comienzo y un final definidos. Estamos condenados. No hay nada que podamos hacer para detener el tiempo, para suspender el cambio, para congelar un instante perpetuamente. *C'est la vie*, ¿verdad?

Entonces, tratando de apartar esa condena, una comprende que necesita aprovechar al máximo el momento. Sumergirse en él, saborearlo mientras dura. Saber que pronto terminará, y eso lo hace aún más valioso. Nunca volveremos a repetir esta escena. Habremos cambiado antes de que vuelva a ocurrir algo similar. Ni siquiera podremos recordarlo; la memoria, una vez más, modificará esos segundos, esos minutos y esas horas a su antojo.

«Las horas que limando están los días que royendo están los años», dijo el poeta.

Eso es todo. Ese es el instante en el que todas estas ideas irrumpen en la mente, haciéndola estallar. Una necesita mantener la estabilidad y no deprimirse por la inevitabilidad de la vida. Y, sin embargo, disfrutar aún de la coyuntura. Un destello de conciencia de que en este momento justo, la vida te trajo la única compañía que deseas para disfrutar de su presencia y de las mejores conversaciones…

Y quién sabe cuándo, si es que alguna vez ocurre, volveremos a ser bendecidos de nuevo.

(«Conciencia», febrero de 2018)

That moment when you are surrounded by the only company you desire, enjoying the best conversation – we allow superlatives in language because inside, the emotion burns us, only to realise that it will all soon end. The clock's hand does not stop.

That moment. Can you feel it?

How could anyone ever return to the room once that thought sets in? The most conspicuous moment is threatened to be ruined when a damp chill reminds us that happiness is just this small accumulation of moments with a defined beginning and a defined end. We are condemned. There is nothing we can do to stop time. To stop change. To freeze an instant perpetually. *C'est la vie*, right?

So, in trying to avoid that condemnation, one understands the need to make the most of the moment. Dive into it, savour it while it lasts. Know that it will soon end, making it even more valuable. We will never repeat this scene. We will have changed before something similar happens again. We will not even be able to remember it; memory, once again, will modify those seconds, minutes, and hours as it pleases.

'Those hours that are wearing away the days,

those days that are gnawing away the years,' said the poet.

That is all. That is when all these ideas burst into the mind, making it explode. One needs to maintain stability and not be depressed by the inevitability of life. And yet, enjoy the moment. A flash of consciousness that, at this very moment, life brought you the only company you desire, enjoying their presence and the best conversations...

...and who knows when, if ever, we will be blessed again.

'Consciousness', February 2018

Que lo que a mí me salva son las letras. Que sin ellas, no sé ni sabría quién soy. Soy aquí, en estas líneas, símbolos que suman sentido, que hacen llevadero el sinsentido. Soy esta nada de palabras, mar adentro en las profundidades de una mente que entiende más bien poco de lo que la rodea. Una mente en búsqueda continua de algo. Algo que no sé qué es. Siempre buscando, siempre en movimiento, incesantemente cambiando. Soy un cuerpo extraño. Soy energía que no para quieta, incansablemente agotada.

Soy paz para afuera, torbellino de caos para adentro. Soy lágrimas que se escapan porque todo por dentro pide. Soy todas mis sonrisas por la alegría que da la cercanía de otro ser humano. Soy insensatez controlada.

Soy expectativas, potencial y ganas. Muchas, las ganas. Soy volcán candente que muere por erupcionar. Soy todo lo que podría ser, lo que podría haber sido, necesidad de una mano que acaricie la frente y de otra que toque el sexo. Soy todo por hacer todavía y la paciente impaciencia de quien anda en estado de espera mientras la vida va, ignorante y despreocupada de quien la va viviendo a obscenas velocidades.

Soy todo lo anterior y soy nada. Tan solo rompimiento, explosión y desgarro. Soy deseo que no me cabe en el pecho. Soy, al igual que todas, el espóiler de la muerte que siente el aliento de vida clamando fuerte su derecho a dejar su huella intensa en esta tierra que nada sabe de nuestro existir.

Soy, en estas letras, hasta que no pueda ser más.

(Sin título, julio de 2018)

Letters save me. Without them, I would not even know who I am. In these lines, I am symbols that add meaning, making senselessness bearable. I am this nothingness of words, deep in the profundity of a mind that understands very little of what surrounds it. A mind in constant search of something. Something that I do not know what it is. Always searching, always moving, incessantly changing. I am a foreign body. I am energy that never stops, tirelessly exhausted. I am peace on the outside, a whirlwind of chaos on the inside. I am tears fighting to escape because everything inside demands something. I am all my smiles for the joy that comes from the closeness of another human being. I am controlled insanity. I am expectations, potential, and desires. So many desires. I am a burning volcano that is dying to erupt. I am everything that I could be, everything that I could have been. I am the need for a hand to caress my forehead, and another one, my sex. I am everything still to be done and the patient impatience of someone who is waiting while life goes on, ignorant and unconcerned about this one who lives it at obscene speeds.

I am all of the above, and I am nothing. Just rupture, explosion, and tearing. I am desire that does not fit in my chest. I am, like everyone else, the spoiler of death, feeling the breath of life loudly claiming its right to leave its intense mark on this earth that knows nothing of our existence.

I am, in these letters, until I can be no more.

Untitled, July 2018

Hay amores que se llevan en silencio. Hay amores que no existen a la luz del día, aunque cieguen de obviedad.

Los hay, amores imposibles, estúpidos, patéticos. Amores reprimidos. Deseos que quieren, voluntades que no ceden. Amores estoicos, que sobreviven aún. Sobreviven con un día a la semana, con unos cuantos minutos de conversación, dos risas, insomnios y sueños que lloran realidades que no han de llegar. Perviven en miradas tiernamente frustradas y frustrantemente tiernas. Subsisten en el tabaco que vuelve al rescate cada tanto; cada vez que se apaga una última colilla.

Los hay tan reales como los unicornios. Viven en la imaginación, único *topos* donde pueden librar batallas. Viven en la letra escrita, esa que descarga las ganas; que libera la desasosegante adrenalina de apenas unos momentos de gloria, muy por debajo de los fantaseados y, sin embargo, despiadados en su visceralidad.

Vengo aquí, donde solo aquí puedo hablar, sacarlo de mí, dejarlo estar, a suplicar caridad, ¡un poco de! Porque hay esta fuerza bruta que exige la cercanía del otro cuerpo, que no sabe qué hacer consigo misma, convertida en motor que se está pasando de vueltas. Que toma los siguientes días para tranquilizarse, pero siete días después, vuelven las cinco mil revoluciones. Las letras llegan como salvavidas, mas el desgaste es continuo: hacen falta demasiados cigarrillos para desacelerar este motor incandescente. Vengo aquí preguntándome por enésima vez si es que, tal vez, la capacidad de sobrellevar tales intensidades no habla tanto de nuestra resiliencia, fuerte, sino de nuestras ganas, menos de las necesarias para dejar estallar lo que por dentro clama al cielo por piedad.

Puede ser que el poder de destrucción que conlleve el cumplimiento del deseo sea mayor que la dicha anhelada. Que destroce tanto que se lleve por delante el sentimiento que inició esta locura en primer lugar. Pero en tal caso, y si ese es el temor, y si el sentimiento no es más fuerte que el miedo, entonces la respuesta está

Some loves are kept in silence. Some loves do not exist in the light of day, even though they blind with obviousness.

There are impossible loves, stupid loves, pathetic loves. Repressed loves. Desires that want, wills refusing to yield. Stoic loves, still surviving. Surviving one day a week, with a few minutes of conversation, two laughs, insomnia, and dreams that cry out for realities that will never come. Surviving through tenderly frustrated and frustratingly tender gazes. Surviving through the tobacco that comes to the rescue every once in a while, every time a last cigarette butt is extinguished.

They exist, as real as unicorns. They live in the imagination, the only place where they can fight battles. They live in the written word. Words that release the desire, that free the unsettling adrenaline of just a few moments of glory, far below the fantasised ones, and yet ruthless in their visceral nature.

I come here, where only here I can speak; get it out of me, let it be. I come here to beg for a little bit of charity – because there is this brute force that demands the closeness of the other body. A brute force that does not know what to do with itself, turned into a motor revving too high. A brute force that takes the following days to calm down, and seven days later, the five thousand revolutions return. Words come as lifesavers, but the wear and tear is constant: too many cigarettes are needed to slow down this incandescent motor.

I come here, asking myself for the umpteenth time if the ability to cope with such intensities speaks not so much of our resilience, but of our desire, less than necessary, to allow what inside is crying to heaven for mercy, to explode and live.

It could be that the power of destruction that comes with fulfilling this desire is greater than the desired happiness. That its fulfilment destroys so much that it takes away the feeling that started this madness in the first place. But in that case, and if that is our fear, and if the feeling is not more robust than this fear,

clara. Todo esto no es más que retórica indiferente: pura pérdida de tiempo y energía.

(Sin título, septiembre de 2018)

then the answer is clear. All of this is nothing more than indifferent rhetoric: pure waste of time and energy.

Untitled, September 2018

Cuando la impotencia mata, solo se puede desear el bien al otro esperando sinceramente que la felicidad que le aguarde valga la desesperación de no poder ser quien se la ofrezca, poco más se puede hacer.

Los años van haciendo mella: nos van enseñando a aceptar con más facilidad las cosas que no se pueden hacer por rayar lo imposible. No a solas.

Se va aprendiendo a lidiar con ciertos dolores que vienen dados en un carácter que se resiste a dar por sentado que hay ciertas limitaciones en todos los aspectos de estas vidas nuestras y en relación con las demás vidas de quienes nos rodean y que se han de aceptar y pasar página.

No hace tanto tiempo, se era capaz de coger aviones de madrugada, apostando todo a la opción más dolorosa, y por supuesto, ganando —todavía se hacen algunas de tales tipos de locuras, a escalas más pequeñas—, pero ahora hay previsión de futuro. Ahora somos adultos, hay ciertas obligaciones y responsabilidades de las que hacerse cargo.

Hay, en definitiva..., futuro.

Antes, el único *futuro* posible existía en las siguientes veinticuatro horas, si acaso. A veces, bien sabemos que ni eso, uno, dos, tres, cuatro años sin previsión en absoluto del mañana. Ahora el futuro nos delimita, nos enseña caminos, nos quita otros, nos da esperanza y nos quita espontaneidad. Ahora se sabe a ciencia cierta que bastaría quien propusiera una locura y se haría con los ojos cerrados, se dejaría todo atrás mientras el viaje fuese en compañía.

Mientras tanto...

Mientras tanto, somos adultos y nos comportamos.

Mientras tanto, lo mejor que puede desearse queda en un «espero que encuentres a alguien que te haga sentir como tú me hiciste sentir», sabiendo que no hay mayor felicidad que aquel momento ínfimo ya —¿qué son unas horas en ochenta años?— en nuestras vidas.

(«Impotencia», agosto de 2015)

When powerlessness kills, all you can do is wish the Other well, sincerely hoping that the happiness that awaits them is worth the despair of not being able to be the one who offers such happiness, little more can be done.

Ageing takes its toll: years teach us to accept more easily the things we cannot do because they are impossible. Not alone, at least.

One learns to deal with a particular suffering that comes from a psyche that insists in not taking for granted that there are, in fact, certain limitations in all aspects of our lives and in relation to the lives of those around us, and that these limitations must be accepted and so that we can move on.

Not so long ago, it was possible to take early morning flights and leave everything behind, betting on the most painful option and winning, of course – we still do some crazy similar stuff on a smaller scale – but now, there is a future to plan for. Now that we are adults there are certain obligations and responsibilities to take care of, there is, in short, a *future*.

Before, the only possible future existed in the next 24 hours, if anything. Sometimes we knew all too well that even that was uncertain; one, two, three, four years without foresight for tomorrow. Now, the future limits us, shows us some paths, takes others away, gives us hope and takes spontaneity away. Now, we know for sure if someone proposed something crazy, we would do it with our eyes closed, leaving everything behind for as long as the journey was in good company.

In the meantime…

In the meantime, we are adults, and we behave.

In the meantime, the best thing that can be wished for is, "I hope you find someone who makes you feel the way you made me feel," knowing that there will be no greater happiness than that tiny moment, nearly imperceptible – what are a few hours in eighty years, anyway? – in our lives.

'Impotence', August 2015

Traspasar tantas barreras institucionales, normas sociales y códigos éticos, tan solo porque dos personas sienten atracción la una por la otra. ¿No es maravilloso, y tan peligroso, cómo el deseo se instala en el cuerpo y exige acción?

Hay tanta vida, emoción y deseo en movimientos tan sutiles, que casi podrían pasar desapercibidos. Casi, de no ser porque haya quien esté poniendo la atención exacta en los momentos precisos, tan cortos que casi parece que todo no fue más que pura alucinación; un deseo frustrado de aquello que no se puede dar, pero quiere, anhela llegar a ser.

Hay que actuar en el plano de la inocencia —donde lo que la otra persona hace no ha de ser pensado desde otra perspectiva que la que viene dada por los motivos explícitos que hacen posible el evento—. Así, las dos personas nunca se encuentran porque quieran estar cerca la una de la otra, sino que se encuentran porque tienen algo sobre lo que discutir; un asunto totalmente ajeno a su deseo, algo que pueda ser explicado racionalmente.

La otra persona no decide ponerse en marcha en tal momento porque está siguiendo a la primera, sino por la casualidad que hace que ambas se hayan preparado para iniciar su marcha en el mismo momento.

Y así, millones de casualidades.

El problema con el deseo es que el deseo siempre pide más. Ya sabemos que el deseo desaparece tan pronto como es cumplido. Sin embargo, incluso en su irracionalidad, o con toda esta irracionalidad que es bien conocida y que, por tanto, debería ser razón suficiente para no dejarse llevar por el deseo —que no lleva a nada más aparte de crear muchas consecuencias indeseadas—, aun así, ¿cómo pararlo? ¿Cómo alejarse, cómo decir basta? La intensidad del sentimiento es adictiva.

(«Deseo», marzo de 2017)

Crossing so many institutional barriers, social norms, and ethical codes, simply because two people feel attracted to each other. Is it not wonderful, and dangerous, how desire settles in the body and demands action?

There is so much life, emotion, and desire in such subtle movements; they could almost go unnoticed. Almost, if it were not for the eye who is paying the precise attention at the precise moment, so brief, that it almost seems like it was all just an hallucination; frustrated desire for what cannot be, but wants and yearns to become.

One must act on the plane of innocence – where we should not judge what the other person does from any other perspective than the one given by the explicit reasons that make the event possible.

Thus, two people never meet because they want to be close to one another. Instead, they meet because they have something to discuss, something utterly unrelated to their desire, something that can be rationally explained.

The other person does not decide to set off at that moment because they are following the first one to leave, but due to the sheer coincidence that makes both of them ready to begin their journey simultaneously.

And so, millions of so-called coincidences.

The problem with desire is that it always asks for more. We already know that desire disappears as soon as it is fulfilled. Nevertheless, even in its irrationality, or with all this irrationality which we know all too well and should be reason enough not to let ourselves be carried away by it – which leads to nothing else than many unintended consequences – even so, how to stop it? How to distance oneself, how to say 'enough'? The intensity of the feeling is addictive.

'Desire', March 2017

Los sentimientos no importan. He amado muchas veces antes y sentí que podría volver a amar hace solo unos días. Lo que sí importa es cuánto cree una en un sentimiento cuando este aparece y lo que una decide hacer con tal sentimiento. Lo que sí importa es si una decide actuar en consecuencia, si cree que hay algo especial en esa emoción y comienza a construir a su alrededor una narrativa que la hace especial, diferente a otros sentimientos. Y lo que importa al final es si una decide creer en esa narrativa y conducir acciones futuras basadas en la misma.

Si no, la vida continúa. El sentimiento muere, o no, pero eso no es relevante: la vida, ajena a estas emociones, prosigue. Los sentimientos no tienen en sí mismos el poder de cambiar el curso de una vida, a menos que decidamos darles ese poder. Sentir es lo único que puede cambiar radicalmente una vida, por supuesto, pero no por sí solo. No importa cuán intenso y profundo sea un sentimiento, si las circunstancias en las que la vida se encuentra cuando nace tal sentimiento no permiten que este pueda desarrollarse fácilmente, y si decidimos que dejarnos llevar por él hará que la vida se haga, quizás, demasiado difícil, sea cual sea la razón, ahí acaba. Una puede sentir quemarse por dentro, incluso sentirse incapaz de hacerle frente al dolor de no hacer lo que el corazón anhela, pero no hay más. Una sobrevive. No cabe hablar de justicia cuando hablamos de sentimientos y de la vida. No hay ética en el sentimiento.

Esto no significa que estemos desechando las emociones. No hay nada en lo que crea más, me explico: podría seguir un sentimiento incluso si eso significara cambiar de manera drástica el camino que ha tomado mi vida hasta ahora. Pero cada vez resulta más difícil creer ciegamente en un sentimiento sin considerar las circunstancias de la vida en las que se da tal sentir. Y quizás por eso solo recuerdo mi primer amor como el único amor. Quizás sea porque en ese momento hubiera hecho cualquier cosa por estar con esa persona, sin importar qué. Y si hubiera hecho eso, nos

Feelings do not matter. I have loved many times before, and I felt that I could love again just a few days ago. What does matter is how much one believes in a feeling when it appears and what one decides to do with such feeling. Whether one decides to act accordingly, whether one believes there is something special in that emotion and begins to build a narrative around it that makes it unique, different from other feelings. And what ultimately matters is whether one decides to believe in that narrative and drive future actions based on it.

If not, life goes on. The feeling dies, or not, but that is not relevant: life, oblivious to these emotions, continues. Feelings in themselves do not have the power to change the course of anyone's life unless we decide to give them that power. Feeling is the only thing that can radically change a life, of course, but not by itself. No matter how intense and deep a feeling is, if the circumstances in which life finds itself when such a feeling is born do not allow it to develop easily, and if we decide that being carried away by that feeling will make life perhaps too complicated, for whatever reason, that is the end. One can feel burning inside, and even feel unable to face the pain of not doing what the heart yearns for, but there is nothing more. One survives. There is no talk of justice when it comes to feelings and life. There is no ethics in feeling.

This does not mean that we are discarding emotions. There is nothing I believe in more; let me explain: I could follow a feeling even if it meant drastically changing the path my life has taken so far. But each time, it becomes more difficult to blindly believe in a feeling without considering the life circumstances in which it occurs. And perhaps that is why I only remember my first love as the one true love. Maybe it is because, at that time, I would have done anything to be with that person, no matter what. (And if I had done that, it would have destroyed both of us). Every love that came after, although deeply felt, was never strong enough for

habría destruido a ambos. Cada amor que vino después, aunque profundamente sentido, nunca fue lo bastante fuerte como para que yo fuera ajena a nuestras circunstancias y luchara por él sin que nada importase. «No te vuelvas loca» ha sido el manta prevaleciente desde el final de ese primer amor.

Curiosamente, «loca» solo significa permitir que los sentimientos tomen el control y mostrárselos a la otra persona; correr el riesgo y apostar por ella, aunque eso pueda significar desafiar algunos aspectos de la situación actual de una. Todavía he de entender si el hecho de que yo ya no apueste cuando no veo una clara señal de luz verde tiene que ver con una cierta intuición de que el sentimiento no vale la pena —ya sea porque la otra persona no está interesada o porque no es lo suficientemente interesante— o si es que mi sentimiento no es lo bastante fuerte. ¿Estoy matando lo que podría haber sido un evento transcendente, antes de que el sentimiento tenga siquiera tiempo de florecer, o nunca hubo una segunda parte destinada a ser? ¿Y cómo obtener la respuesta sin confundir la hierba con la maleza? En otras palabras, ¿dónde está el equilibrio entre la paciencia y la ilusión?

No conozco ninguna de las respuestas a estas preguntas. Sí sé que, al final del día, nada de esto importa. Y quizás esa sea la clave. Porque nada importa, una está libre para apostar, de desafiar, de arriesgar. Incluso si una pierde cada vez que apuesta.

(Sin título, noviembre de 2018)

me to be oblivious to our circumstances and fight for it without anything else in mind. 'Don't go crazy' has been the prevailing mantra since the end of that first love.

Interestingly, 'crazy'" only means allowing feelings to take control and showing them to the other person, taking the risk and betting on that person, even if that may mean challenging some aspects of one's current situation. I have yet to understand if the fact that I no longer bet when I do not see a clear green light signal has to do with a given intuition that the feeling is not worth it – either the other person is not interested or not interesting enough – or if my feeling is not strong enough. Am I killing what could have been a transcendent event before the feeling even had time to bloom? Was there never meant to be a sequel? How to get the answer if I can't see the wood for the trees? In other words, where is the balance between patience and excitement?

I do not know any of the answers to these questions. But what I know, is that at the end of the day, nothing of this matters. And perhaps that is the key. Because nothing matters, one is free to bet, challenge, and risk. Even if one loses. Every time one bets.

Untitled, November 2018

Ad kalendas graecas no es solo un título llamativo. Aquí encuentro el espacio para hablar sobre esas historias de mi vida que solo pueden tener lugar al abrir la vida entre paréntesis. Se trata de esos eventos dementes y surrealistas que sucedieron y no pudieron tener continuación. Porque tratar de adaptarlos a un tiempo del presente continuo trae, en algún momento, dolor y tristeza. Son hechos humanos, demasiado humanos, que se palpan con todo el amor y la intensidad de los que soy capaz. Pero también traen destrucción y abren las puertas a los infiernos particulares de cada uno. Ya sabemos que el infierno tiene muchos círculos.

Esas historias, sin embargo, también traen belleza y reconstrucción a partir de sus cenizas. La vida florece, una y otra vez. Creo que mi amor por la vida viene después de estas pérdidas, una vez que se restaura la paz con una misma, no importa el tiempo que haya pasado. Escribo cuando estoy doliente porque esa es una de mis formas de supervivencia. Por difícil que sea creer en esos momentos que el sol volverá a salir, lo sé. No lo creo, pero lo sé: así todo se reduce a aceptar el hecho de pasar por la tormenta que causa el sufrimiento, permitiendo que haga estragos en lo más profundo, durante el tiempo que sea necesario. Con el fin de la tormenta, llega la claridad. Es entonces cuando puedo volver a levantarme con firmeza y continuar el viaje.

Cada una de esas historias enseña, refresca y refuerza el aprendizaje de toda una vida según el cual elegir el amor y el cuidado del otro por encima del orgullo y el resentimiento siempre traen paz al núcleo de quien una es, de quien yo soy. También necesito escribir sobre esto. La escritura, como la música, o como los cigarrillos, quizás, me acompañan en la felicidad y la calma, que llegan después de que haya pasado la tormenta. La inconsistencia, los vicios, la crueldad y la frialdad, sí, son parte de quien soy. De ninguna manera justificaría su existencia solo aceptándolos, por más liberador que sea hacerlo; siempre está mi voluntad fuerte de tratar a la otra persona de la mejor manera posible, con el cuidado y el amor, en los que creo que se encuentra la identidad de ser humano.

Ad kalendas Graecas is not just a catchy title. Here I find the space to talk about those stories of my life that can only take place when life opens its parentheses. Those insane and surreal events that happened and could not be continued. Because trying to adapt them to the continuous present brings, at some point, pain and sadness. They are human events, all too human, that are felt with all the love and intensity I am capable of. But they also bring destruction and open doors to each person's hells. We already know that hell has many circles.

These stories, however, also bring beauty and reconstruction from their ashes. Life blooms time and time again. I believe that my love for life comes after these losses, once peace is restored with oneself, no matter how much time has passed. I write when I am hurting because it is one of my ways of survival. As hard as it is to believe in those moments that the sun will come out again, I know it; I do not believe it, but I know it: so everything comes down to accepting having to go through the storm that causes suffering, allowing it to wreak havoc deep within, for as long as necessary.

With the end of the storm comes clarity. It is then that I can rise again, firm in my place and continue the journey.

Each of these stories teaches, refreshes, and reinforces the lifelong learning that choosing love and care for the Other over pride and resentment always brings peace to the core of who one is, of who I am. I also need to write about this; writing, like music or like cigarettes, perhaps, accompanies me in the happiness and calm that come after the storm has passed. Inconsistency, vices, cruelty, and coldness, yes, are part of who I am. In no way would I justify their existence just by accepting them, as liberating as that is; there is always my strong will to treat the other person in the best possible way, with the Care and Love in which I believe the identity of being human lies.

Así, cuando llega esa claridad, ese es el dios, lo bueno *(God-Good)* en lo que creo.

Y así es como un día una semana una quiere querer terminar con su vida y el mismo día de la semana siguiente llega la liberación. Solo se puede reír o llorar. Y una vez que ha pasado el llanto, qué bien sienta la risa. Qué bien sienta decir: "gracias, he crecido gracias a esto, gracias por permitirnos mostrar nuestras almas vulnerables e inconsistentes"; y qué agradable es poder decir: "Lo siento, me porté como una necia en aquel entonces, ahora me doy cuenta y quería hacértelo saber".

La vida no tiene nada de ridícula: es una excelente maestra.

(Sin título, acerca del título, mayo de 2018)

One day at a time... when that clarity comes, that is the Go(o)d I believe in.

And so, one day, one week, one wants to end their life, and the same day of the next week, liberation comes. One can only laugh or cry. And once the crying has passed, how good laughter feels. How good it feels to say,

Thank you, I have grown because of this, thank you for allowing us to show our vulnerable and inconsistent souls,

and how good it feels to say,

I'm sorry, I behaved foolishly back then, now I realise it and wanted you to know.

Life is far from ridiculous; it is an excellent teacher.

Untitled, about the title, May 2018

EPÍLOGO

A ti, que amas, deseas, te pierdes y sigues manteniendo viva la esperanza, gracias por llegar hasta aquí. Quedan lejos de mí las emociones que me empujaron a escribir *Ad kalendas graecas*. Fueron muchas vivencias, caídas y recaídas las que llevaron hasta el ser que hoy escribe. No obstante, hoy estamos aquí gracias a la conmoción que generaba plasmar esas palabras. Es bello poder dar un hogar a unos escritos que definían un mundo interior que no sabía cómo darse a conocer ni sabía cómo entenderse, pero que buscaba constantemente comprender, aprender y amar, aunque no supiera. Porque lo que aquí habrás encontrado es una pulsión de juventud que siente de forma desbocada, que desea todo y más, que tiene hambre de experiencia y se atraganta con vivencias, una y otra vez. Pero el deseo de experimentar, saber, amar, vivir, vivir, vivir, no perder ni un minuto, permanece. Porque ¿qué hay más humano que esta obsesión incandescente por querer saber más mediante nuestras vivencias y continuar en la búsqueda de una verdad que no nos viene dada ni hemos de encontrar?

Comparto hoy estos textos que acumulan polvo cibernético con la esperanza de conmoverte. Tal vez ese pequeño movimiento te/nos acerque a esa verdad en cuya existencia queremos creer. ¿Qué podría ofrecerte más humano?

Washington D. C., febrero de 2023

EPILOGUE

To you, who loves, desires, gets lost, and still keeps hope alive. Thank you for making it this far. The emotions that drove me to write *Ad Kalendas Graecas* are far from me now. It took me many experiences, falls, and relapses to become the person who is writing today. But it is thanks to the commotion that came from putting those words on paper that we are here today. It is beautiful to be able to give a home to writings that defined an inner world which did not know how to make itself known or understood, but that was constantly seeking to understand, learn, and love well. Even if it did not know how. Because what you have found here is a youthful impulse that feels wildly, that desires everything and more, hungry for experiences on which chokes, again and again. But the desire to experiment, to know, to love, to live, live, live, to not lose a single minute remains constant. Because if there is anything human, what else but this incandescent obsession to want to know more through our experiences and to continue searching for a Truth that is not given to us and which we will never find?

Today, I share these texts that have accumulated cyber-dust with the hope of moving you. That tiny movement may bring us closer to the Truth we want to believe it exists. What could be more human than that?

Washington D.C., February 2023